领袖演说 王者重生 | 轻松站住台 财富滚滚来

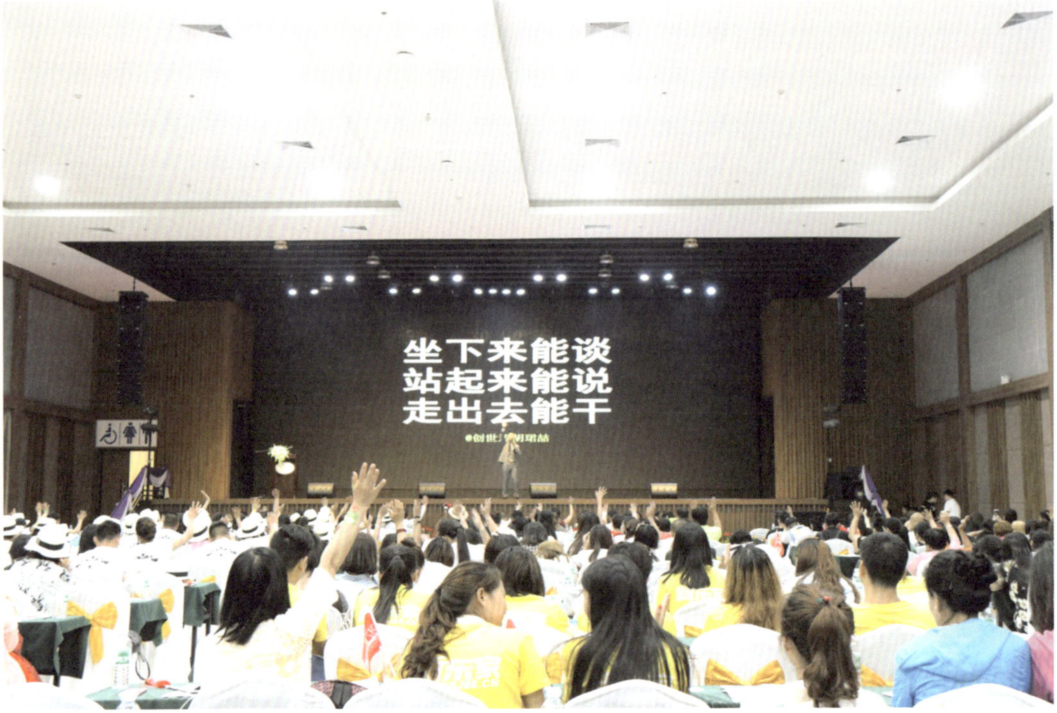
坐下来能谈
站起来能说
走出去能干

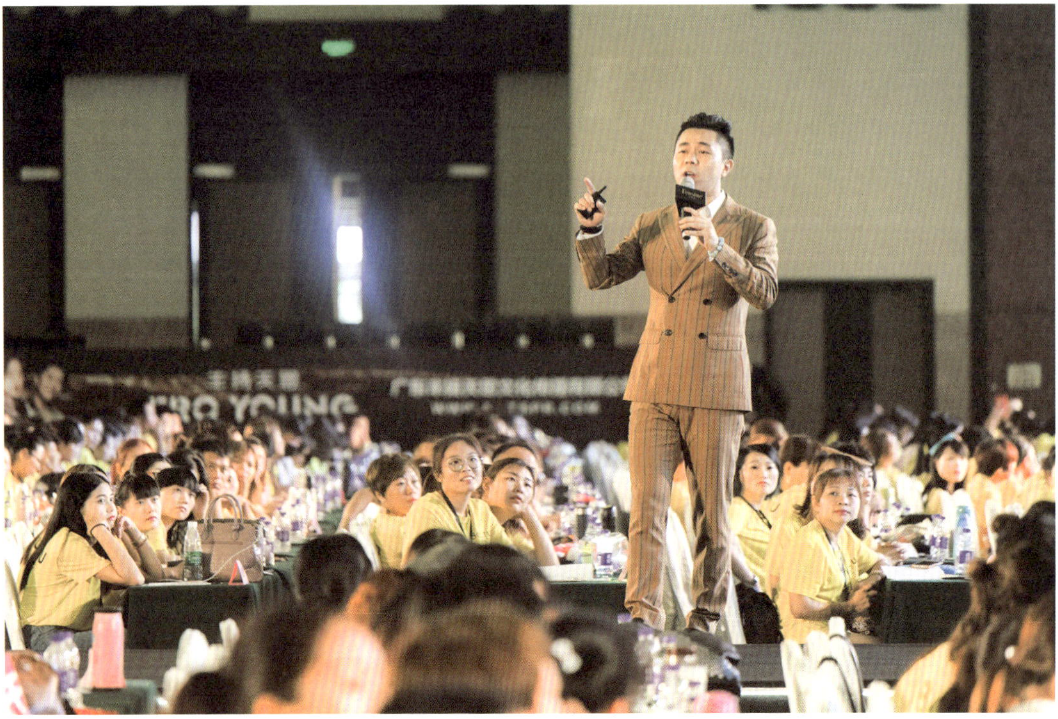

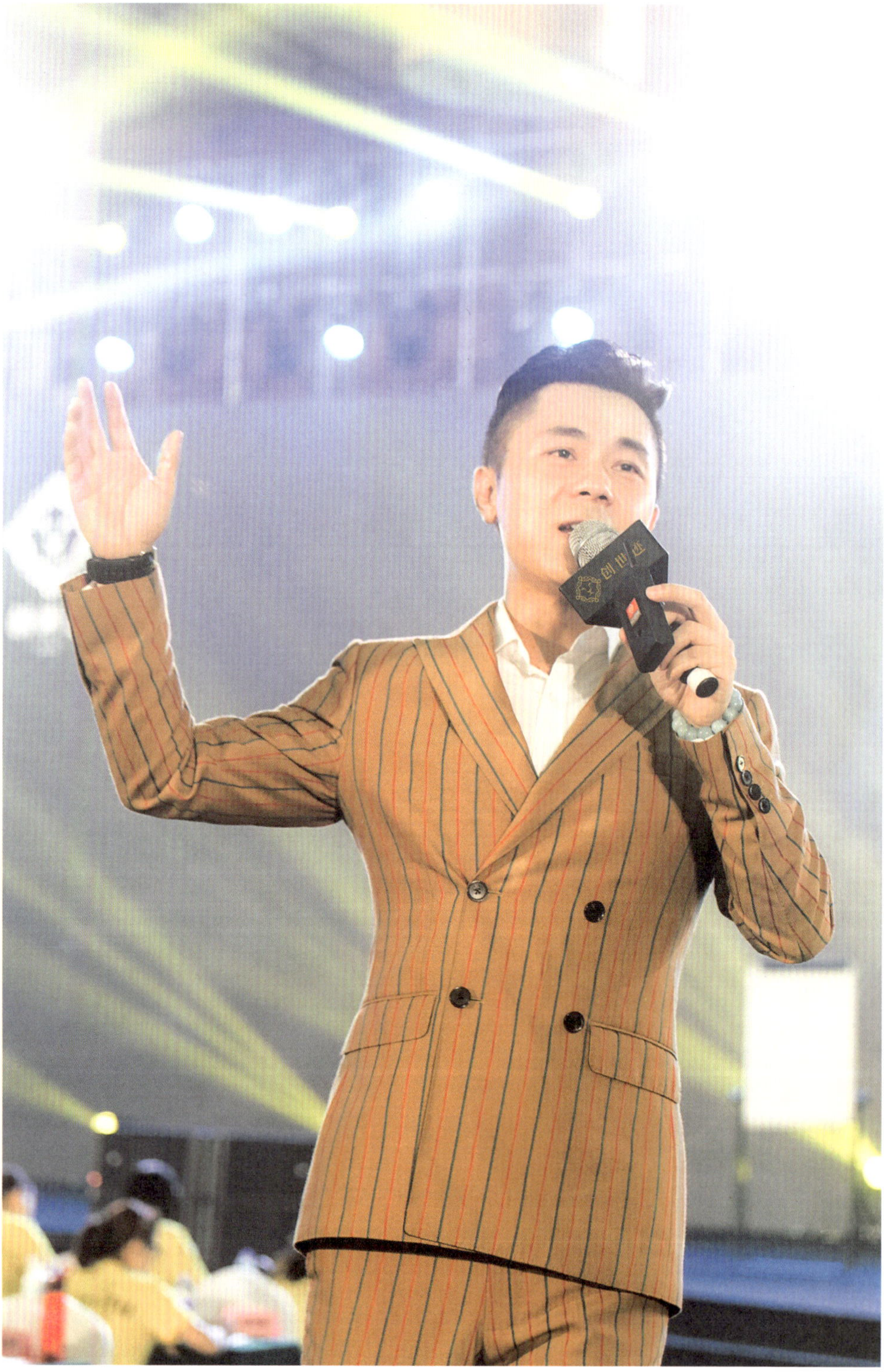

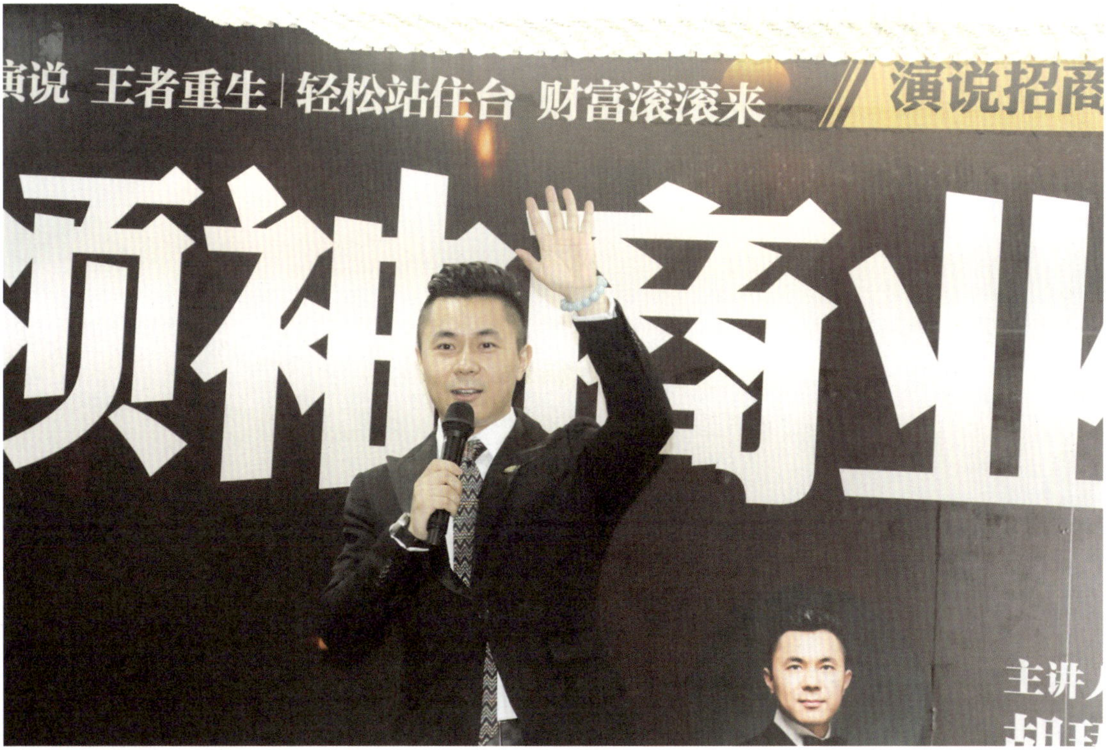
王者重生
轻松站住台 财富滚滚来
演说招商

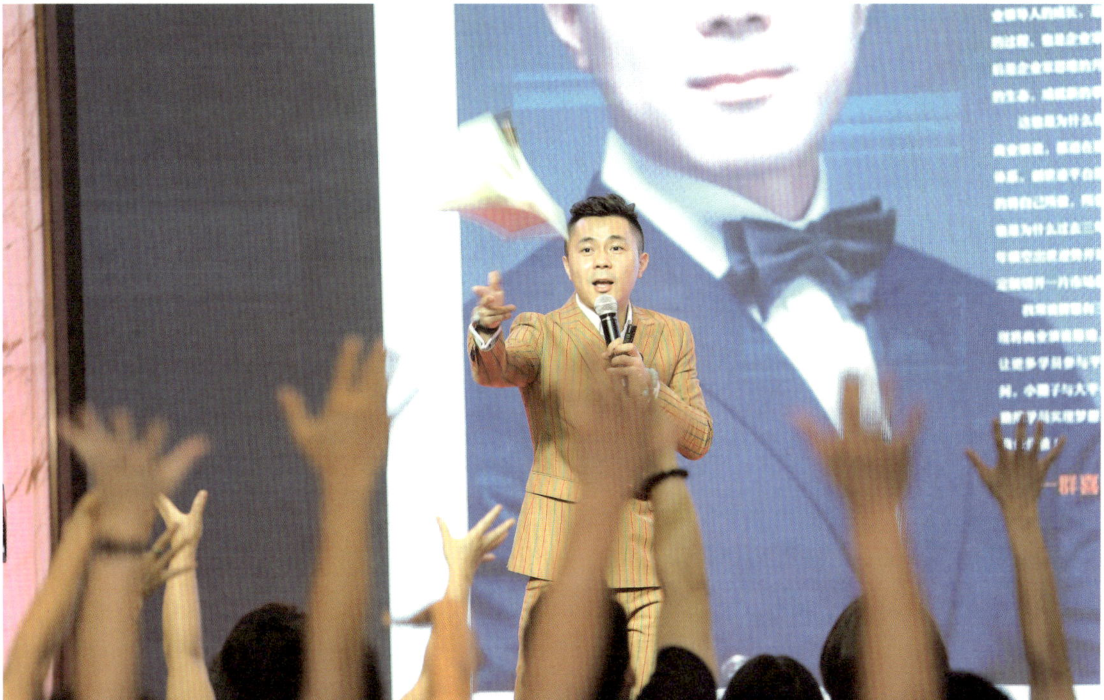

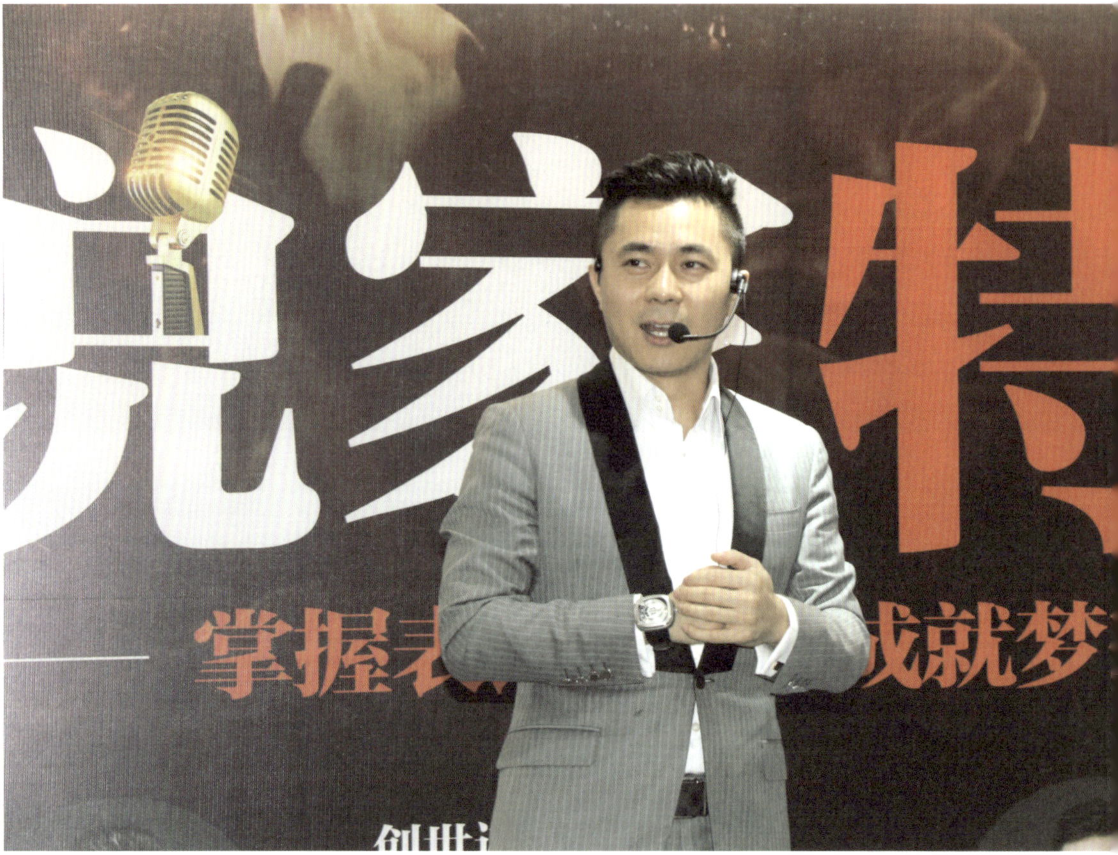
掌握
成就梦

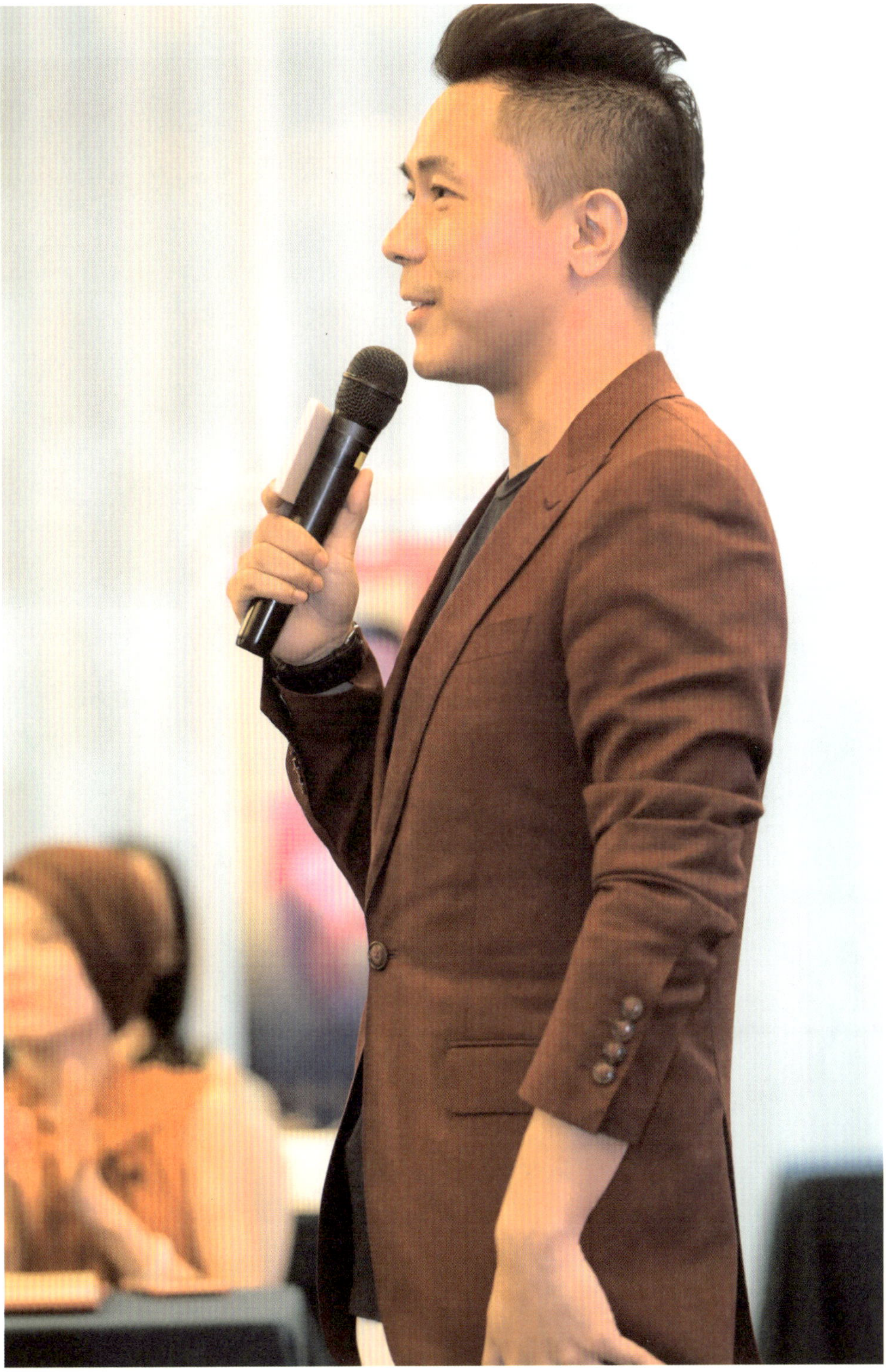

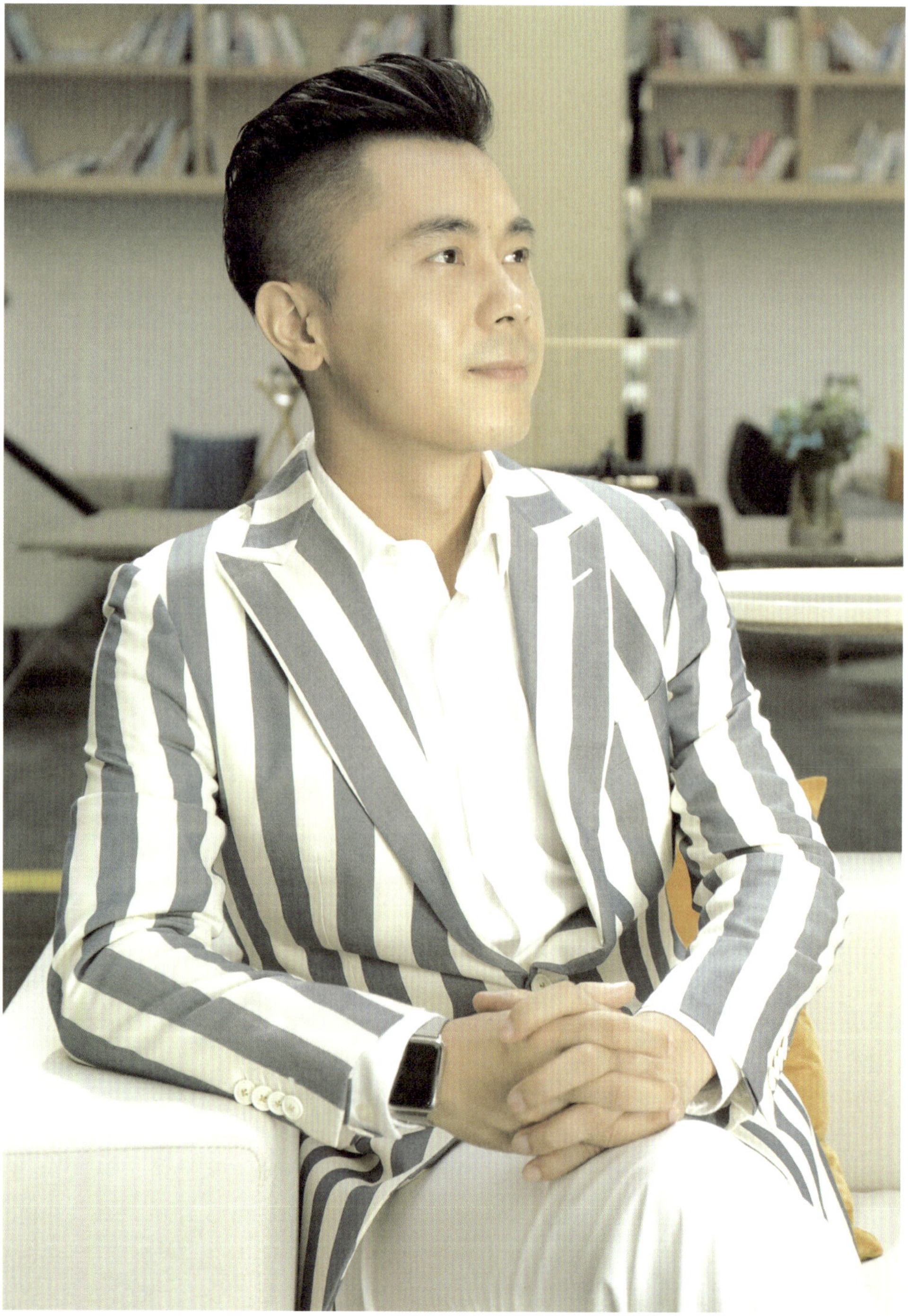

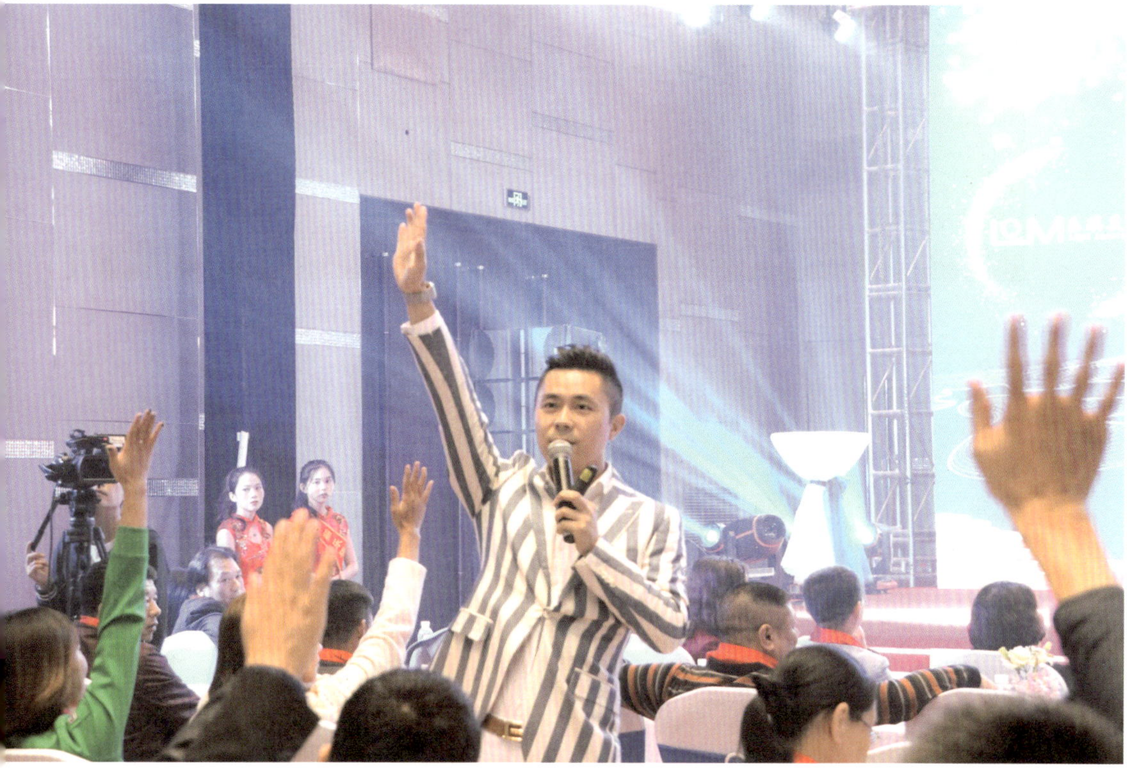

财富滚滚来
演说招商 资源变现 生命绽放
商业演说
招商演说导师 创世迹企业创始人
行者行业逆袭者 创造单场路演680

实战招商演
正道践行者

路演之道

胡珺喆 ◎ 著

企业管理出版社
EMPH ENTERPRISE MANAGEMENT PUBLISHING HOUSE

图书在版编目（CIP）数据

路演之道 / 胡珺喆著. — 北京：企业管理出版社，2018.9

ISBN 978-7-5164-1765-2

Ⅰ. ①路… Ⅱ. ①胡… Ⅲ. ①企业经营管理 Ⅳ. ① F272.3

中国版本图书馆CIP数据核字（2018）第194194号

书　　名：	路演之道
作　　者：	胡珺喆
责任编辑：	于湘怡
书　　号：	ISBN 978-7-5164-1765-2
出版发行：	企业管理出版社
地　　址：	北京市海淀区紫竹院南路17号　　邮编：100048
网　　址：	http://www.emph.cn
电　　话：	编辑部（010）68701661　发行部（010）68701816
电子信箱：	1502219688@qq.com
印　　刷：	天津盛辉印刷有限公司
经　　销：	新华书店
规　　格：	170毫米×240毫米　　16开本　　11.25印张　　140千字
版　　次：	2018年9月 第1版　　2018年9月 第1次印刷
定　　价：	69.00元

版权所有　翻印必究　·　印装有误　负责调换

策划手记 / PLANNING NOTE

不懂路演，怎么把公司做大？

文／李鲆

让企业发展壮大，需要具备的因素太多：人才、资金、合作商……有没有一种方法，学习之后，能收获推动企业发展、加速产品销售、有效招商、吸引融资、吸引人才等多种效果？

当然有，这种方法就是路演。

"路演"是国际上广泛采用的证券发行推广方式，如今已经成为企业招商引资、生产营销、吸引人才的重要手段。

胡珺喆老师已经出版过几本企业方面的著作，不过，作为一位资深的路演者，他却尚未出版一本关于路演的著作。因此，我们决定为他策划出版一本聚焦路演研究的书，就是这本《路演之道》。

可能很多企业家都遇到过企业发展缓慢、产品卖不出去、招商效果不佳、不懂融资方法、不知众筹如何下手、吸引不了人才等问题。

对这些问题，胡珺喆老师在书中一一帮你解答。在书中，胡老师不仅论述了路演思维、本质、逻辑等理论概念，还简单明了地讲解了路演的步骤，并结合生动典型的案例分析，从产品推广到招商、从融资到众筹，再到人才招揽，教你如何在商场上用话语发挥你的个人魅力，驰骋商场。

唯有深入研究学习路演，企业家才可能有效地把产品推广出去、把项目推广出去、把股权卖出去、把人才找回来，从而将企业做大做强。

坊间有很多关于路演的书籍，它们通常只能教会你如何融资、如何吸引人才，但《路演之道》却是把产品路演、招商路演、融资路演、众筹路演、人才路演等，以精简、清晰的方式，集合了起来。

可能有人会担心，这种集大成的模式，无法把问题研究到极致，请注意，我们的目标不是成为专业路演者，我们的最终目的是利用路演成功推广产品，招商融资，引进人才，从而把企业做大做强。

所以，如果你想通过路演，让企业发展壮大，那么你就需要一本《路演之道》。

李鲆 出版策划
276527980

资深出版人，策划出版多部畅销书，著有《畅销书浅规则》《畅销书营销浅规则》《微商文案手册》等

自序 / PREFACE

企业发展壮大需要路演

文／胡珺喆

每次我进行演说、授课活动时，都会有一些企业管理者向我咨询，怎样才能把产品更好地销售出去？如何加快企业融资？

我通常都会给出一个答案——进行路演。

为什么路演能帮助我们解决上述问题？因为互联网时代是粉丝经济的时代，没有粉丝的企业，在未来很难存活。

你应该要懂得通过自媒体，在线上吸引自己的粉丝，扩大自己的影响力，这叫作影响力中心。学会路演，你就可以在网上建立自己的影响力中心，这个很关键。

但路演是一门比较复杂的学问，不是你想学，就能立刻学会。可以把路演简单分为五大类型，分别是产品路演、招商路演、融资路演、众筹路演和人才路演。

我每次结合自己的经验，简单给企业管理者讲解一些路演的概念、技巧时，对方都希望与我另约时间，更加深入地学习路演。

因此，为了帮助企业管理者更好地学会路演，继而能通过路演解决企业难题，我决定专门写一本关于路演的书。

《路演之道》的内容涉及产品推广、招商、融资、众筹、人才招揽，可以说囊括了大部分企业在发展过程中会遇到的难题。

我希望这本书能让各位企业管理者真正学到一些知识。如果大家能将书中的概念、技巧，运用到现实中，那么我相信，你的企业发展壮大未必是什么难事。

目录 / CONTENTS

第1章 商业路演助企业成长突围

1. 互联网时代的路演 /2
2. 路演的5大场合 /3
3. 路演的7大关键作用 /4
4. 路演能解决的5个核心问题 /6
5. 路演是一种先进思维 /10
6. 路演是一种较量技巧 /11
7. 商业路演的3大原则 /12
8. 立体路演闭环模式 /19

第2章 产品路演助企业快速出货

1. 产品路演的口号营销 /26
2. 产品路演的用户思维 /27
3. 重塑产品的呈现方式 /29
4. 产品隐性信息的显性化 /30
5. 找到产品背后的价值观 /31

第 3 章 招商路演助企业拓展市场

1. 造势宣传 /34
2. 优势思维 /34
3. 极致产品 /36
4. 商业模式 /38
5. 资源优势 /38
6. 崇高使命 /40
7. 招商路演操作流程 /41

第 4 章 融资路演助企业价值放大

1. 放大企业愿景 /60
2. 核心故事模式 /61
3. 快速融资 4 大关注点 /63
4. 融资估值 /65
5. 放大公司估值 /66
6. 撰写商业计划 /66
7. 演绎商业计划 /82

第 5 章 众筹路演为企业聚合资源

1. 众筹路演究竟演什么 /104
2. 众筹路演的连接思维 /106
3. 众筹路演的作用与特点 /108

第6章 人才路演为公司凝集力量

1. 公司发展规划　　　　　　/114
2. 人才晋升规划　　　　　　/118
3. 新型招聘模式　　　　　　/126
4. 公司的价值观　　　　　　/130
5. 完美人才路演　　　　　　/133
6. 小公司大动作　　　　　　/134

第7章 路演操作的十大关键

1. 克服恐惧　　　　　　　　/140
2. 理清思维　　　　　　　　/141
3. 产品介绍　　　　　　　　/142
4. 项目包装　　　　　　　　/143
5. 系统融资　　　　　　　　/145
6. 有效演说　　　　　　　　/147
7. 成交设计　　　　　　　　/149
8. 造梦战略　　　　　　　　/151
9. 营销造势　　　　　　　　/152
10. 活动造场　　　　　　　　/154

第1章

商业路演助企业成长突围

在移动互联网时代，无论是创业者、营销人员、管理者还是投资人，都需要学会路演，通过路演来为自己的产品代言，为自己的行业发声。

什么是路演？通俗一点讲，路演就是一种企业一对多的营销活动。企业通过路演，可以有效地把产品推广出去，把项目推广出去，把股权卖出去，把人才找回来。

1. 互联网时代的路演

路演即 Roadshow，是国际上广泛采用的证券发行推广方式。路演以前主要作为一种促进投融资的重要手段，目的是加强投资者对项目的全方位了解。

随着互联网技术的演进与发展，路演呈现出元化的趋势。

不管是从效率看还是从效果来看，相比传统演讲，路演是一个巨大的进步。

几年前，大家对路演这个词还较为陌生，但是现在它已经成为一个使用频率较高的词。

路演这一新型的宣传推广模式，不仅得到了上市公司、券商和一些投资者的关注和青睐，还引起了许多企业的浓厚兴趣。

用这种效仿证券业的路演方式来宣传推广企业的产品，就是时下正盛行的企业路演。

今天，我们处在移动互联网时代，这个时代的信息传播速度非常快。

如果你的产品很好，就能够通过微信、微店、朋友圈等平台迅速地让很多人知道，这在以前是完全做不到的。

如果你懂得移动互联网推广的方式，可以做一个视频，用微信推送给 5000 名准客户，这时候就可能有 200 名，甚至 1000 名客户感兴趣，并且这些对你的产品感兴趣的客户，都会主动来找你。这个视频推送，就是对你产品进行的一次路演。

移动互联网时代是一个自媒体的时代，你必须要懂得通过自媒体,在线上吸引自己的粉丝,扩大自己的影响力,这叫作影响力中心。

为什么在这个时代要学会路演?在移动互联网时代,学会路演,就可以在网上建立你的影响力中心,这个很关键。

互联网时代是一个粉丝经济的时代,没有粉丝的企业,在未来很难存活。

人们常说:"光会做、不会说那叫傻把式,光会说、不会做那叫假把式。"真正厉害的人,要又会说又会做。

那么究竟什么是路演?通俗一点讲,路演就是一种企业一对多的营销活动。企业通过路演,可以有效地把产品推广出去,把项目推广出去,把股权卖出去,把人才找回来。

2. 路演的5大场合

一些企业已经能成功地通过路演达到自己的目的。路演的概念和内涵也开始改变和延伸,现在路演已经成为包括新闻发布会、产品发布会、产品展示、渠道招商、成交客户、影响股东、吸引人才、凝聚人心、吸引资本和传承文化等多项内容的现场活动。

企业可以在以下五大场合积极地采用路演的方式来开展活动。

(1)产品招商

很多公司每年至少要召开几次招商会,有些会场布置得很有气势,但整个招商流程安排却很随意。领导和主管致辞后,请大家吃喝玩乐,但签单并不多。

(2)公司年会

很多公司在年底都会办一次盛大的员工总结大会或者表彰大会。

这种会看上去很热闹，员工也玩了，奖金也发了，但是效果不太好，没有达到激励员工的目的。

特别是发奖金的环节，即使是得到奖金的员工，也在抱怨：某某某工作做得和我一样多，凭什么奖金领得比我多？

（3）公司上市

有些公司想要融资上市，希望公司的上下游、合作伙伴能够一起建设公司，共享公司的发展成果。

（4）新品推广

公司有新产品，要做新产品的推广会。

（5）项目众筹

有的公司有一个很好的项目，希望通过众筹的方式让身边的朋友参与进来。

以上这些场合，都适合开展路演。

路演能力的高低，决定路演效果的好坏。如果你掌握了路演的逻辑和体系，以后举办活动，会越来越精彩，同时也能为企业创造更大的价值！

3. 路演的 7 大关键作用

路演到底有什么作用？我用以下七组词来说明。

（1）圈粉丝

靠路演来吸引大量的粉丝。

（2）卖产品

为什么你的产品不好卖？为什么别家的产品却有人排着队来

买？原因在于你没有掌握卖产品的核心技巧。

在本书的第 2 章和第 7 章，我会具体跟大家分析通过路演卖产品的方法，告诉你产品到底应该怎么卖。

（3）聚资源

我经常说，众筹的本质不是筹钱，而是筹资源、筹智慧。

如果你有智慧，能让身边有影响力的人成为你公司的股东，你肯定不会缺资源。

众筹路演，就能很好地帮助企业聚资源。

（4）抢渠道

为什么你公司的产品很好，渠道代理商却没有足够的动力去推销你的产品？你有没有给他们勾画一个美好蓝图、造一个伟大的梦？这个很重要。

（5）卖股份

互联网时代是一个资本的时代。资本的时代，我们看的不是企业的盈利能力，而是企业的价值，换句话来说，就是企业的市值。我们可以通过路演招商融资，提升企业市值。

很多经营者常常想不通，为什么刚出来创业的90后，团队只有十几个人，却有风投愿意投给他巨额资金，而自己的企业，辛辛苦苦做了很多年，却还赚不到多少的纯利润，原因在哪里？

因为90后创业者，懂得如何通过路演放大企业的价值，而这正是过去的企业家所缺乏的一种思维。

（6）聚势能

如果你的公司很小，如何让别人信任你？

这时，你就要懂得一件事——造势。去年，我们在河北唐山辅导了一家濒临破产的公司，用一天时间做了一场路演，现场签约金额相当高。如此起死回生，原因何在？其中通过路演为公司造势就起到了极其重要的作用。

（7）强品牌

任何品牌都会通过频繁地投广告、做活动，来建立消费者内心的认知。而线下建立客户认知的最好方式就是路演。

4. 路演能解决的5个核心问题

一般企业在经营过程中，都会遇到五个问题：为什么好产品却不赚钱？为什么好项目却招不到商？为什么企业融资异常艰难？为什么企业有盈利的能力却上不了市？为什么企业赚钱却不值钱？

这些关系到企业存亡的问题，都可以通过路演来解决。

（一）为什么好产品却不赚钱

首先，好卖又赚钱的产品有哪些特征？

（1）符合未来的消费趋势

拥有健康、简单、安全、方便、快捷、标准化等特点。

（2）符合公司发展的计划

公司的未来走向和生产产品的标准取决于公司的定位和规划。想要打造核心竞争力，就得选择符合公司整体规划的产品。

（3）产品拥有特色

高销售利润有两个来源：特色产品和货源优势。从某种程度上来说，特色产品是更重要的利润来源。首发、质量高、有创意、独此一家、鲜少人涉及等等，都是特色产品的特征。

（4）渠道匹配

与渠道不匹配的产品，要么烂在仓库里，要么卖得很辛苦。

以上这四个问题都能通过路演得到有效解决——完美的路演可以帮你看清未来消费趋势、把握公司规划、找到匹配渠道、打造爆款的特色产品。

（二）为什么好项目却招不到商

想要做好招商，必须走出以下六大"雷区"。

（1）企业招商之前的准备工作做得不充分

招商之前，没想明白怎样才能把自己的产品卖出去，也不知道它具有什么样的特性、能满足什么样的社会群体以及可能创造怎样的市场氛围。

（2）没有仔细分析能够把控的招商区域

盲目地招商不利于企业和经销商，只会让自己陷入市场的大熔炉中，而且会越陷越深。

（3）过于理想化，对能招到的经销商心中没数

（4）没有站在经销商的角度思考问题

要保证经销商利益实现最大化，思考经销商需要什么，怎么赚取最大的利润，会遇到什么问题。当然，同时要保证企业的利益。

（5）信息传播没有结合互联网+的手段打"组合拳"

（6）招商模式落后

招商已经步入4.0时代"聚天下"模式——基于共享经济的新招商平台，一端连接经过严格筛选的企业项目，另一端连接拥有对应行业人脉资源的人。由专业的团队对数据进行处理和对接，让企业和经销商能够精准匹配。

解决以上六大问题，路演是必不可少的环节，它是企业与消费市场的重要连接。

招商路演的目的是让别人赚到钱，而不是让自己圈到更多的

钱——只有抱着这样的态度，才能理清楚何时招商、在哪里招商以及如何说服经销商等问题。

（三）为什么企业融资异常困难

民营企业要想改变融资难的局面，必须走出以下融资误区。

a．疲于规划，抱有侥幸心理。

b．包装程度不当。

c．不重视内部整理。

d．过度追求利益，忽略员工和客户感受。

e．融资眼光不够长远。

f．企业不够规范。

g．忽视对专业融资顾问的付出。

h．忽视企业文化的塑造。

i．治理结构不合理。

为了避免以上九大误区，企业CEO必须学会路演、必须充分地了解投资人、必须搞好现场演示、必须熟悉路演回答技巧……

（四）为什么企业有盈利的能力却无法上市

很多企业上市失败，是自身原因，而非外在因素。

下面我列举了一些企业上市失败的原因。

a．企业财务报告的可靠性得不到合理保证，内控形同虚设。

b．一意孤行，不符合券商规范辅导要求。

c．搞不好各方关系，遭对手恶意报复。

d．虚假报账。

e．内部斗争不止，高层变动频繁。

f．缺乏独立性，发行人的生产、销售环节被关联方控制。

g. 陈述错误、虚假、有遗漏。

h. 舍不得花钱请有水平的财务总监，核算环节不规范。

i. 募集资金投资项目太重利益，缺乏必要性和可行性。

投资人和券商企业最关心的是企业的未来价值和特色价值，企业必须在路演中告诉投资人和券商企业的各种优势。

（五）为什么企业赚钱却不值钱

赚钱的公司无法完成闭环，反而不值钱。

公司虽然赚钱但用户忠诚度很低、流失率很高，用户从导入到流出可能只在一瞬间。如何锁定终身用户生意，设置商业闭环？这是所有赚钱的公司都需要思考的问题。

懂得路演的公司才是值钱的公司，因为他们具有无限想象力，所以受到资本的青睐。

值钱的公司以市场份额的想象力为基础，为了放大企业被低估的价值而注入资本。

值钱公司的产品一定是具有特色的。在资本眼中，赚钱的公司和值钱的公司的本质区别就在于想象力。

值钱的公司讲究格局，他们会忽视一些蝇头小利，更多地考虑行业份额，而不是现金流。对于资本来说，是先有市场份额，后有现金流。

一个值钱的公司，经营者必须具有想象力、能讲好故事，这就需要一场完美的路演。

5. 路演是一种先进思维

与传统经济时代相比，科技高速发展的新经济时代有几个明显特征。

a．经济主体较以往不同，新经济趋向全球一体化。

b．交换方式不同，以电子商务为主要交换手段。

c．生产方式不同，以集约型为主。

d．增长动力不同，以高科技、信息为增长原动力。

e．资源是共享的，对人类的供给是无限的。

新经济以现代科学技术为核心，是建立在知识和信息的生产、分配和使用之上的经济。

新经济时代，信息化、网络飞速发展，传统交通运输业取得长足进步，经济呈现全球一体化趋势，经济发展与资源短缺的矛盾更加突出。拥抱新经济时代的最佳思维就是路演思维。

路演究竟能解决什么问题，能为企业带来哪些利益？

a．能帮助企业在产品还没有过时之前，将产品卖到极致。

b．在行业还没有过剩之前，将招商做到极致。

c．在产业还没有走向衰落之前，将融资做到极致。

在新经济时代，卖产品跟传统时代不太一样。在新经济时代，最大的成本叫"信任成本"。也就是说，用户为什么在这么多的产品当中选择你的产品，这件事情很重要。

粉丝经济的本质就是信任的传递，它可以为企业带来无穷无尽的财富和资源。

新经济时代的路演思维，正是基于粉丝经济的商业思维。

6. 路演是一种较量技巧

在和投资人较量的过程中，商业计划书、项目PPT和五分钟路演是抓住投资人的三大绝招。

（1）商业计划书

在正式说服投资人投资之前，需要给他们一份报告以供参考，这份报告就是商业计划书。

在商业计划书里呈现的信息要包括企业成立与发展情况、产品服务、商业模式、战略规划、市场营销、团队管理、股权结构、经济效益及融资方案。

商业计划书一定要能吸引投资者，要把你的项目的商业蓝图全面展现出来，所以，每一个说明项目都需要精心规划。

（2）项目PPT

项目PPT作为展示企业形象的工具，如果能够充分发挥效果，就很容易引起投资人的注意。

每个投资人每天都要看很多项目计划书和项目PPT，所以，项目PPT里的每一段文字、每一个表格、每一张图片，都要精心打磨。

（3）五分钟路演

一旦上了台，你必须争取在五分钟之内让投资人产生非投不可的冲动。

在这五分钟的路演时间里，用户是需要你用心分析的对象。你的用户每天会花多长时间来使用你的产品？使用你的产品时用户会有什么样的体验？你的核心用户是哪些？

这些问题，是你必须要在这五分钟路演里让投资人知道的。

7. 商业路演的3大原则

（一）框架性思维

什么是框架性思维？就是我们在思考问题时会有一个思考逻辑，就像造房子一样，我们首先要把框架搭建好，再考虑如何填补、充实，最终实现对问题的清晰描述。

商业路演为什么需要框架性思维？简单地说，就是让听众在了解你的产品或者项目时有章可循。

为什么在图书馆的上万本书里，我们能轻而易举地找到自己想要的书？为什么有些人思考问题比较全面，而有的人却做不到？

框架性思维能帮助路演者尽快找到问题关键点，为解决问题提供基础。

比如，我们如何营销一瓶新型的矿物质水？如果营销人员不懂得从产品、价格、渠道、宣传（4P理论）四个维度去思考问题，可能就会不知如何下手。

框架性思维作为一种思维方式，可以通过不断学习、练习来获得。进行框架性思维训练时，需要不断地推导演绎，只有这样，我们才能尽快将框架搭建起来、将内容丰满起来。

在不同的行业，都有一些框架可以借鉴，比如战略分析中的SWOT（波特五力模型）管理中的计划、组织、领导、控制等，都需要我们不断地积累、不断地思考，最终才能实现思维上的前进。

一场完美路演的框架思考模式如下。

先用一句话来定位公司到底是做什么的。

提供重点数据和目前形态（盈利情况如何？用户量有多少？关键亮点是什么？）。

抓住市场痛点，预测市场规模。

全方位展示产品亮点和业务优势。

以美国 Y Combinator 孵化器的路演样本为例。

大家好，我是 Matta，这是我的合伙人 Chris，我们是 One Month Rails。

我们教人们一个月在线上学会编程（一句话定位公司到底是做什么的）。

One Month Rails 目前已经盈利，而且快速增长。在过去的 4 个月里，我们的收入从每月 1000 美金跃升到每月 40000 美金。每一门课有 50 万的流量（重点数据和目前形态）。

用户能在这里学会创建一些适用于现实生活的软件和应用，所以 One Month Rails 才如此成功。比如，我们让一个叫 Sheldon 的学生在我们平台上做了一个真实社交网站。

我们发明了一个能利用线上视频功能进行社交互动教学的模式，这与可汗学院的模式有点儿相似（优势和亮点）。

Chris 和我都是线上教育专家。过去的两年，Chris 在 General Assembly 设计并运营最顶级的课程。而我设计了在 SkillShare 上迄今为止最受欢迎的两门课程。

我们总共设计过数百项课程，并在 Bloomberg、哥伦比亚大学、American Express Open 等机构教授。所以，我们懂教育（团队和经历）。

在接下来的 6 个月里，我们将上线发布已经在线下成功测试的 4 大模块的课程。这个月是 Ruby，下个月 Lean Marketing，再下一个月是 HTML&CSS，再到 APIS。

10个月内，我们将会有十多门课程，从 OS 系统到 Python，当中就能产生出多于 500 万美金的年收入。但是仅仅就这样吗？

我们之所以选择编程课程这个垂直领域是因为我们能很快进入和占领这个市场。一个月内，用户就能利用从我们这儿学到的编程知识创建软件产品，因此他们非常乐意向我们平台支付学费（战略以及发展）。

我们是 One Month Rails。如果您对改变线上教育的现有模式感兴趣，请与我们联系。

对创业者来说，每次路演都相当于在分析自己的项目，是一个升华的过程。

制作路演PPT也要使用框架性思维，以下是常用的路演PPT框架。

第一步要介绍品牌名称、创始人身份和姓名。

这样别人才能知道你的身份以及如何联系你。

第二步要直奔痛点，阐述清楚你要解决的是什么问题。

你的产品是"帮世界解决问题"，还是"给世界制造问题"。

第三步阐述你的观点，说明你是怎么解决这个问题的。

你的产品是怎样的？你的产品已经发展到哪个阶段了？遇到问题时，你会如何解决？这些都是你要向对方阐述清楚的事情。

第四步阐述清楚你的核心竞争力。

为什么你的产品能够解决这个问题？你的产品和别人的相比较优势在哪里？为什么是你在解决这个问题而不是别人？要列出你的解决方案与竞争对手方案相比的特点及优势。

第五步阐述你们已经做过的事情。

你要让对方知道，你并非一有想法就来融资了。你要用已有的运营数据证明自己的这套思路是可行的，流程是可以顺下来的。主要目的是要让对方看到公司目前取得的进展。

第六步做团队介绍。

你要让对方相信你的团队人尽其才、各司其职、没有明显的短板，能够将公司带到下一个里程碑。

第七步介绍财务预估，融资信息。

融资的目的是什么？有了融资之后，能在一定期间内实现什么样的增长？要体现公司未来3～5年的收入、利润、现金流、成本、费用等方面的预测。让投资人从财务指标上看到投资是有回报的。

（二）形象化表达

心理学家曾指出，人类通过视觉印象吸收了85%以上的知识。路演者要善于调动语言、利用各种表达手段去增强视听效果。

有位领导要退休了，在为他召开的欢送会上，这位领导可以用两种说话方式来发言。

第一种说话方式如下。

亲爱的同仁，大家好！

长江后浪推前浪。恭喜你们有为的一代领导人能够担任此重担。此岗位非同小可，是我们的窗口行业，所以临别之前，我给各位提三点建议。

第一，希望你们时刻保持清醒的头脑。头脑清晰，思路明确，统筹安排，我们就能做出科学的决策。决策科学，我们才能少走弯路，进行长远合理规划。兼听则明，偏听则暗。希望你们能够多多搜集信息，整体规划，时刻保持清醒的头脑。

第二，希望你们能够廉洁奉公，以身作则。在各种利益面前慎出手，面对种种诱惑莫伸手，努力打造风清气正的干部队伍。不为名利失心，不为权欲熏心！

第三，希望你们勤下基层与群众打成一片，走群众路线，多倾听群众的心声，解决群众的切实困难，不要总是高高在上，脱离群众。一定要心为民所系，权为民所用，利为民所谋，一切以人为本，真正做人民的公仆。

以上三点建议，希望大家切记在心。

谢谢大家！

这样的讲话属于普通水平，他运用了"三点论"原则（关于三点论，会在本书第 7 章里有介绍），而且简洁明了。

这样的讲话，我们见得多了，我相信，会议一结束，听众可能已经忘掉了领导的"三点建议"，或是只剩一鳞半爪的印象。

但是，如果领导换一种讲法，相信大家一定忘记不了，甚至很长时间都可以铭记在心，请看下面的另一种讲法。

亲爱的同仁，大家好！

长江后浪推前浪。恭喜你们有为的一代领导人能够担任此重担。此岗位非同小可，是我们的窗口行业。临别之前，我没有什么东西送给各位，就送各位"三盆水"吧。

第一盆水，希望你们经常洗洗头。

希望你们时刻保持清醒的头脑。头脑清晰，思路明确，统筹安排，我们就能做出科学的决策。决策科学，我们才能少走弯路，进行长远合理规划。兼听则明，偏听则暗。希望你们能够多多搜集信息，整体规划，时刻保持清醒的头脑。

第二盆水，希望你们经常洗洗手。

希望你们能够廉洁奉公，以身作则。面对种种诱惑莫伸手，努力打造风清气正的干部队伍。不为名利失心，不为权欲熏心！

第三盆水，希望你们经常洗洗脚。

希望你们勤下基层与群众打成一片，走群众路线，多倾听群众的心声，解决群众的切实困难，不要总是高高在上，脱离群众。一定要心为民所系，权为民所用，利为民所谋，一切以人为本，真正做人民的公仆。

以上三盆水送给各位，希望同志们切记在心，经常洗洗头，经常洗洗手，经常洗洗脚，用好这三盆水。

谢谢大家！

请注意，第二种讲话，其实和第一种讲话的意思一模一样，但是这种讲话，即使过了一两个星期，我们仍然可以清楚记得"洗洗头洗洗手洗洗脚"是什么意思。

第二种讲话之所以能够使人印象深刻，就是因为运用了形象化的语言。

形象化的语言，说到底就是打比喻。

在路演中，运用形象化语言有什么好处？

听众记忆深刻，一听就忘不了。因为我们比较容易记住形象化的东西，而对枯燥的空洞的理论却不愿去记，也很难记牢。

讲者思路清晰。如果掌握了形象化的语言技巧，即使再紧张，也能够有一条线贯穿下去，把要讲的内容清楚地表达完整。

效果一鸣惊人。形象化的语言，风趣幽默，生动形象，能够引来掌声、引发高潮。

（三）说服式逻辑

路演是一个说服人的过程，而不是简单的信息传递。就是说，要把你满肚子想说的话有效地传递给听众。要达到这个目标，路演者要按照以下步骤来认真准备讲稿。

（1）归纳现象

通过归纳现象帮助听众找到自身痛点。

（2）放大痛点

你要让听众产生一种急于知道结果的迫切感。如果你已经帮助听众找到了自身的痛点，接着就要让他们意识到问题的严重性。

（3）给予听众想知道的解决方案

这对听众来说，犹如雪中送炭。

（4）让听众看到良好的效果

想让听众相信你，你就必须让他们看到效果，用事实让听众相信。

（5）鼓动实施，促进成交

你已经为听众提供了一套解决方案，接着就要鼓动他们去实施。

以下是一段说服性路演的例子。

你有没有发现这样一种现象？学习力比学历更受欢迎。学习力正在成为各行业的精英们努力提升的一种能力，也成为很多企业最倡导的一种能力。

是什么造成这样的现象？那是因为人们发现学历只能帮助你进入职场，而学习力却能帮助你获得成功！

如果不具备学习力会有什么影响？如今，越来越多的人拥有了学历这种资源，无论各人的学历和经历是什么，要在未来的比赛中获胜，就必须另辟蹊径，做更多的准备。如果你不具备学习力的话，就会很难脱颖而出！

那么有什么方法可以解决吗？尽快拥有学习力。学习力强的人都善于聆听，总能从别人的嘴巴里学到什么；他们善于观察，总能从发生过的事情里找到什么；他们善于行动，总能在第一时间把死的知识变成活的事实；他们也善于反省，所以能够一次比一次做得更好。

为什么我说的方法是有用的？因为学习力是一种健康、开放的学习心态，避免让你陷入狭隘和固执的愚昧中；学习力是科学的规划能力，盲目地跟风只会使你学得疲惫、焦虑、无所适从；学习力也是举一反三、融会贯通的能力，可以把事情从"做到"变成"做好"。

你一定不希望学习得太傻、太累、太死，你也一定不希望大部分时间都花在为了什么文凭、证书而强迫自己开夜车、背死书……

你一定希望能成为一名事半功倍，快乐的学习者吧！那么就从现在开始，努力成为一名拥有高学习力的人吧！

在这一段路演稿里，每一段都有标志性的一句话，这些话所对应的就是说服性演讲的结构。

在做说服性路演时，最关键的是不要让听众觉得你是在说服他们，而更像是在与他们相互交流。站在听众的角度不断地抛出问题，让听众觉得你说的是和他们相关的，并愿意跟着你思考。

8. 立体路演闭环模式

（一）线上路演：提高效率，搜集数据

如今，移动互联网发展迅速，线上路演已经成为很多公司选择的方式。

在内容上，线上路演和现场路演相近，但线上路演对公司有更大的好处。

（1）节省支出

举行一次路演，场地、时间、邀请等都是成本，但选择网上路演就节省了这些开支，企业随时随地都可以进行路演。

（2）瞄准目标

现场路演有场地限制，能邀请的人数有限，而且邀请到的不一

定是对自己有利的投资者，但线上路演可以尽可能地吸引投资者的目光。

（3）提升认知

线上路演可以采取文字、图片、视频等多种形式，可以在大范围内体现路演公司的立体形象，投资者可以由此对企业产生更为精准的认识，企业可以有效地完成项目方推广的目标。

（4）开放迅捷

无论是投资者的困惑还是项目方的解答，都可以通过网络储存和传输成为共享资源。

（5）灵活互动

线上路演有灵活互动的优势，投资者和项目方即使身处异地也能联合互动。

线上路演不但能节约资源、提升效率，还能把各类型的推介内容永久地保留到互联网上，供潜在投资者随时查阅。

怎样做好一场线上路演？

在路演开始前，做好策划和宣传，尽量地扩大路演项目方的名气。

在路演过程中，要发挥文字速录、音视频直播、现场报道等工作的效应。

（1）文字速录

对市场活动的每一句话、每一个细节都应该进行文字记载和历史备份。

（2）音视频直播

让参与者产生真实感，视频直播的形式可以让不在现场的投资方更快地获知信息、感受现场气氛。

（3）现场报道

对企业负责人进行采访，对活动进行迅速地报道。

（4）平台传播

路演结束后，把完整的路演过程传播到微博、微信等各种平台。

维护专题和分析活动是路演结束后应该要做的工作。

（1）维护专题

路演直播还会继续，还会跟踪报道后续动态，还会保留成网上"永不消失的活动专题"。

（2）分析活动

根据网上直播的反馈信息和用户点击，对效果进行科学评估，并以此为依据深入分析路演活动。

线上路演其实很简单，以下是为上市公司提供的线上路演操作步骤。

（1）选择平台

线上路演至少要有进行文字直播和图像直播的能力，同时还要有良好的安全保障和技术服务手段。总之，线上路演的平台要符合相关的标准。

（2）发布公告

在特定网站、指定刊物和服务网站上都要及时地发布公告。

（3）展示背景

展现的背景应包括路演嘉宾介绍、招股说明书等资料。

（4）设计问卷

问卷设计成投标询价单的形式，通过网络互动调查，获得投资者对股票发行情况的真实看法，以此作为未来股票定价的辅助参考。

（5）现场推介

现场推介需要路演嘉宾和投资者在线交流，在这期间，一定要保证各方负责人能够出现在推介现场。

（6）整理内容

活动结束后，要把网上直播内容以电子方式报送中国证券监督委员会和拟上市证券交易所，存档备查。

（二）线下路演：立足用户，取决终端

线下路演是较为传统的方式，目前主要有以下四种表现模式。

（1）具有传播性质的创业TV秀模式或创业大赛

按组织目的分类，参会企业一般有以下三种。

a. 为资金，合适的投资方。

b. 为名声，免费的品牌宣传。

c. 求名次，有奖励。

（2）由政府部门、知名机构或平台线下组织的项目路演会

由于招商热情高涨，孵化器密集涌现，各地政府、科技部门或机构会定期组织一系列的项目路演。

这种情形下的项目演示，创业者会聘请专业人员在路演准备、路演形式方面做一些辅导，所以，创业者在演示项目过程中比较专业，创投双方对频非常容易，减少了很多沟通成本。

（3）精准度、私密度最高的面对面模式

创业者投递商业计划书，邀请投资人参观企业并进行深度沟通。这种一对一、私密性高、节奏强的面对面模式，更容易促成项目成交。

（4）私董会模式

三五联投的基金或偏好一致的垂直细分行业的机构，把精挑细选的项目组合起来，就像私董会一样，结合不同的基金投向侧重点。

由合伙人、投资总监级发问，问题一般都非常尖锐。从业务进展、市场开拓方式、成本结构、资本结构到配偶是否支持创业，不一而足。

私董会模式适合资深投资人和创业者，主要形式包括高尔夫俱乐部、户外俱乐部、桥牌俱乐部、投资俱乐部等，特点是高端私密。

以下是线下路演要讲解的主要内容。

（1）公司业务

包括公司名称、成立时间、注册地区、注册资本、主要股东、股份比例、主营业务、经营现状以及发展前景等。

（2）管理团队和股权结构

包括管理团队成员的姓名、性别、年龄、籍贯、学历、毕业院校、行业从业年限、主要经历和经营业绩等。

（3）商业模式和竞争力

经营模式、盈利模式、创新点等。

（4）行业与市场

包括行业现状和发展潜力、市场规模、对手情况、公司竞争优势等。

（5）核算与预测财务状况

核算公司现在的收入、毛利、净利和增长率，预测未来的收入、利润和回报率。

（6）经营风险和应对措施

阐述项目经营中可能会出现的经营风险以及应对风险的措施。

线下路演可以让企业和多个投资者面对面沟通，可以有真实的交流过程，促使投资人真正读懂企业项目，从而做出更为准确的判断。

线下路演为投资人与创业者打造了一个精确、私密的交流平台。对创业者而言，线下路演可以充分发挥自身的专业优势和综合资源，从而获得导师的指导、资金的支持以及资源的对接；对投资人而言，可以找到最有价值的项目、发现最具潜力的创业者。

（三）微路演：面向庞大的微信用户群

微路演是一个网络新事物，即创业者在微信上进行路演，和投资人亲密接触的一种方式。

微路演主要提供 BP 展示演讲、路演直播等服务，同时具有项目资料建档、保存、转发、加密等功能。

微路演是线上路演的新方式，是对路演的一种简化和升级。和传统线上路演相比，微路演主要有以下几个优势。

（1）节省沟通成本

创业者可以和投资人进行面对面的沟通，投资人也不必奔波劳碌，同时节省了双方的沟通成本。

（2）高效、迅捷

微路演可以让创业者在最短的时间内找到合适的投资人，可以让投资人在最短的时间内找到感兴趣的项目。

另外，进行过微路演的项目，一般都能在微信公众号、微博、官方网站上得到高效、迅捷的传播。

（3）无论成功与否，双方都有所收获

就算创业者没有找到合适的投资人，就算投资人没有找到感兴趣的项目，对方的反馈也是很有价值的。

那么，如何在微信群做一场路演活动呢？

（1）锁定范围

建立微信群，最好能以某个小区、某条商业街为范围。

（2）从消费者角度出发

路演要根据群成员的身份、年龄、爱好等进行，群名也要考虑好，一定要尊重消费者习惯，从消费者角度出发。

（3）线上线下结合

在建群初期，要用自己的产品、服务、价格等吸引群成员，要时常在群里搞活动，比如发红包等。当线上做到一定程度后，就可以进行线下路演了。

第 2 章

产品路演助企业快速出货

如果你的产品没有能在与客户接触的那一刹那把他打动，那可能他一转身，就会被别的产品吸引走了。

这就是移动互联网时代与过去的区别——在移动互联网时代，客户产品没有"日久生情"，只有"一见钟情"，这是你当下做好产品路演的核心观念。

1. 产品路演的口号营销

为了推广产品，一些企业常常在街道、商店甚至高校里举办各种类型的活动。这就是时下许多企业青睐的新型品牌推广、现场营销模式——产品路演。

产品路演不是为了促进产品的现场销售，而是为了宣传产品和推广形象，让更多的人了解企业的技术和产品。换句话说，虽然最终目的还是为了促进产品的销售，但广告效应是产品路演更大程度上的追求。

产品路演应该有一个代表性的宣传口号，这对活动的开展和宣传具有重要意义，就像人需要名字、产品需要品牌一样。

口号应简洁明了、符合企业形象、紧靠推广内容、具有使用意义、对消费者有联想触动力和视觉冲击力。

消费者最关心的是切实利益，企业宣传口号一定要体现出这方面的内容，以增强产品的传播效果和吸引力。

产品路演要达到促销、宣传的目标，就要选择促销对象密集的地点（如日用品可以选择在超市内进行）。要有司仪、音响、气球等，让活动现场充满活力，为了增强效果，还可以发点小礼品或者宣传资料。

整个路演过程要贯穿有奖问答、产品展览、趣味抽奖、歌舞表演等内容，这样才可以从始至终把消费者牢牢吸引在路演现场周围。

在活动中，要反复强调企业产品信息，让其在消费者心中逐渐巩固。

消费者对产品的关注度高了，就会进行相关咨询，自然而然也会产生购买兴趣。

2. 产品路演的用户思维

什么样的产品才能有效地打动消费者？

有一种思维叫用户思维，或者叫客户思维。

用户根本没有时间去听你做详细介绍，用户只希望在见到产品的第一瞬间，就知道产品到底好在哪里，到底能解决什么问题，这就叫用户思维。

产品路演的用户思维主要运用在做产品和做运营这两个方面。

（一）以用户思维做产品

以用户思维做产品时，需要顾及以下几个因素。

（1）变化

你随时都有失败的可能，只要你的产品让用户有一丁点的不愉快，你的产品就可能被淘汰了，所以，我们要从一些产品设计细节中去体会用户变化不定的心思。

（2）简洁

简洁的原则就是消除那些用户不想看到的东西，留下那些用户想要看到的东西。

（3）惰性

人都是有惰性的，服务要提供到家，让用户的消费可以一步到位。

（4）快速

你要时刻想着如何让用户快速地看到他想看到的东西。

掌握了以上四个因素，在进行产品路演时就可以给用户提供更准确、更高效、更有趣的内容。

（二）以用户思维做运营

以用户思维做运营时，我们要关注以下三点。

（1）用户需求

这是十分重要的一点，从用户的需求中切入。

（2）用户评价

获取好的评价需要一个长期的过程。不同的用户对产品会有不同的评价，因此要有针对性。产品的设计、宣传都要针对这些评论来展开。

（3）用户心理共通点

用户与用户之间会有一些共通的心理。比如，创业者会因为想要找投资、找地方、找人才而聚齐在一起，这些就是创业者共通心理。

路演能够快速地获取客户的信任，建立起客户对产品的依赖感。

移动互联网时代与过去不同，让产品慢慢地去打动客户几乎不可能，你必须想方设法地让客户在看到产品的那一刻就产生消费的欲望，想要达到这个目的，在做产品路演时，我们就要充分了解用户思维。

因此，产品路演的用户思维对我们来说非常重要。

3. 重塑产品的呈现方式

用户思维落地的核心方法是重塑产品的呈现方式。

卖产品有两个层级，第一是把产品当产品卖，第二是不把产品当产品卖。

重塑产品的呈现方式，简单来说就是不把产品当产品来卖。

如今互联网行业有新产品和新项目出来时，一般都是由经营负责人亲自上台做产品推广。

如果你的产品真的很好，那么就请你通过一个场景或者一件事，让消费者感受到，这个很重要。

举个例子。

最近有一个朋友做了一款蚕丝面膜。他跟我讲了一大堆，说蚕丝面膜怎么怎么好。

我说："你给我讲没用。第一，我不知道你这个到底是不是蚕丝面膜。第二，我对蚕丝面膜没感觉。"

我问他："你这款面膜到底有什么特征？"

他说："我这款面膜是全蚕丝做成的。"

我说："你凭什么说你这是全蚕丝做成的。"

他说："你看，我们这个面膜一拉可以拉出丝。"

我说："以后你跟别人介绍你的蚕丝面膜，就这样说：'我最近做了一个面膜，我这个面膜很厉害。但是怎么厉害呢？我先不给你说，我先给你做一个实验……'，接着，你先用别的面膜试着拉了一下，拉不动。为什么？因为那是化纤面膜，用打火机一烧，还会冒黑烟。然后你再把你的面膜拿出来一拉，那个面膜被拉得好长好长，这足以证明一件事：这是真的蚕丝面膜。"

后来，我的朋友每次演示完，他卖蚕丝面膜的公众号就会涨粉上百人。

所以，在移动互联网时代，所有关于产品的路演，都要挖空心思重塑产品的呈现方式，调动消费者的感觉和体验。企业最关键的一点就是要去思考，怎么才能找到产品独特的呈现方式。

4. 产品隐性信息的显性化

用户思维落地的第二个重要方法，是隐性信息的显性化。

在移动互联网时代的很多产品，都可以用数据化的方式呈现产品的优势和特征。

倘若你在电脑中装了一款杀毒软件，就会发现一件事：每次电脑开机的时候，电脑右下角就会提示你，你的电脑开机速度是几分几秒，已经打败了全中国百分之几的电脑。

这个就叫隐性信息的显性化。

在过去，无论你的电脑开机时间多长，速度是快还是慢，你完全不知道，也没注意过。但是，一旦用数据化方式把信息呈现出来，你立刻就能感知到了。

这些数据会成为你做决策的依据，比如，我的电脑实在太慢了，竟然连全中国50%电脑的速度都达不到，所以，我要杀一下毒，清一下内存……

移动互联网时代的任何一款产品，一定要解决客户感知的问题。也就是说，你如何才能跟客户之间建立起有效的连接？把你的产品用数据化的方式呈现出来，这个很重要。

最近我的公司接了一个企业的路演咨询案。这个企业最近生产了一款智能杯，这款杯子的杯底有一个传感芯片和一套识别系统，它会及时提醒你，你今天喝了多少水，现在杯中的水温度有多高。它每天就这样持续不断地将数据化的信息呈现给用户。

路演中，如果你能把产品的关键卖点呈现出来，并能找到数据做支撑，那我相信接下来你再卖产品就会比较容易。

5. 找到产品背后的价值观

产品有两种基本属性：一个是产品本身的功能属性；另一个是产品的情感属性。

情感属性，就是你的产品到底能激起用户什么样的感情。

这一点恰恰是传统行业经营者不擅长的。但是，你作为经营者，作为企业家，生命中有没有一些动人的故事？肯定有！

所有的草根创业者能把生意做大，绝对是经历了九死一生的。这个九死一生的过程，恰恰是创业者最宝贵的精神财富。

每个经营者的背后，都有精神和信念；每个产品的背后，也有产品的精神和信念。作为经营者，若找不到事业的崇高感，你的团队就不会产生敬畏心，你的路演就不会产生大能量。

产品背后的信念价值观才能够真正打动用户，所以，优秀的企业家不仅生产优质的产品，而且会为这个社会输出正确的价值观。

企业家为产品找到了价值观，也就抓住了经营本质。抓不住经营本质的企业，很难在移动互联网时代迅速裂变。记住，你的出发点决定了你的终点。

总结一下，产品路演的关键，就是要想办法让你的客户听到、看到、触摸到你产品的核心价值。只有这样，你的产品才能产生强大的吸引力。

第3章

招商路演助企业拓展市场

你的公司应该要举办一场具有影响力的活动,来扩大公司的知名度,提高公司在行业内的地位。所以,你要站在月球看地球,站在世界看中国,站在行业来看你的公司。

只有你具备这样一个思维高度,才能整合整个行业的资源。当你能整合整个行业资源的时候,你发现你正在成为整个行业的"武林盟主"。

1. 造势宣传

招商路演能培养企业与经销商之间的信任,让彼此都受益。招商路演在路演的基础上增加了宣传和现场销售两个环节。

招商路演通常可以采用三种方法造势宣传。

(1)摆设产品

在各个销售点摆设产品,把更多的产品信息传递给消费者。如果是较大的店铺,可以前后码堆产品;如果是小经销点,可以摆设单品。

(2)发传单

传单一定要包含两方面的信息:一方面是要让经销商知道的信息,比如我们正在寻求独家代理商、厂家的服务支持等;另一方面是要让消费者知道的信息,比如产品特点、新品上市等。

(3)铺货

在路演过程中,铺货是关键。要达到招商的目的,就必须真正地引起商家的注意,所以在路演时要保证产品到位。

2. 优势思维

为什么同样是在台上讲项目,有的人讲完,无法激起半点水花;

而有的人却能让大家排队刷卡，主动要求合作？关键在于你是否能找到招商路演的核心。

招商路演的核心就是优势思维。

所谓优势思维，就是找到自己独一无二的优势，并展现给所有人看。

把优势思维运用到招商路演中，只需要做到两点。

第一，找到优势

企业在做招商路演时，要清楚地知道，你的招商项目核心优势在哪里？你的企业优势又在哪里？

找到了这两个优势，就要在招商路演中不断强调、放大，让大家都知道你有独一无二的优势能够支撑这个项目落地。

然后，就需要向大家阐述，具体要怎么做支撑这个项目落地，简单来说，就是展示自己的关键资源和关键能力。

第二，增强气势

想要把一个招商项目推广好，在路演过程中就要让这个项目成为焦点。如果做不到这点，很难真正吸引和打动经销商。

那么如何通过路演让项目成为焦点？方法是增强气势。

假设今天你和员工一起去推销产品，你就需要判断，是你们这边的气势强，还是客户那边的气场强。

气势弱的一方影响气势强的一方，是很难的；相反，气势强的一方，影响气势弱的一方，却十分容易。如果公司业务员的气势不够强，就必须要增强业务员的气势。

企业也是一样的，如果你的公司是一个小公司，就需要举办一场象征性的活动，来增强公司的气势。

比如，广州的广交会。广交会就像是广州的一场路演活动，告诉所有人，全世界的商品都汇集在广州，从此吸引很多人到广州采购衣服和设备。

如果你的公司想要成功举办这样一场活动,以达到增强公司气势的目的。首先你要学会站在月球看地球、站在世界看中国、站在行业看你的公司。

只有具备这样一个思维高度,你才能整合整个行业的资源,成为整个行业的先导。任何一家企业,或者任何一场招商路演,要想迅速获得成功,就要懂得增强公司的气势。

3. 极致产品

要进行招商路演,就要打造极致产品。

什么是极致产品?就是能够满足用户需求,让用户尖叫的产品。

怎么打造极致产品?

(1)延伸产品

延伸产品,有两种方式,一种是"产品+附加服务",另一种是"产品+智能化"。

"产品+附加服务"举例。

知名企业家王永庆,在开米店时,要求他店内的销售人员送米到家,距离近的不收钱,稍远的才加收路费。

销售人员将大米送到顾客家中后,要先帮顾客把米缸里的陈米倒出,再把米缸擦干净,然后倒入新米,最后把陈米铺在新米上,这一系列服务不收钱。走的时候,还要记录顾客一家几口人、一个月吃多少米、何时发薪水等信息,方便下一次服务。

"产品+智能化"举例。

一家床垫企业，在床垫中植入了芯片。

这款芯片不仅能记录用户每天的睡眠状况（包含心电图、睡眠质量、呼吸状况等），还能把这些信息上传到云笔记，整合成医疗资源，以便在未来为用户提供医疗帮助。

（2）细化种类

细化种类就是根据消费者的年龄、收入、习惯等，进一步细化产品，从而找到新的市场蓝海，获得新的市场份额。

某乳制品企业原本生产的是面向大众的牛奶，但进一步细化产品后，发现了儿童乳制品这个新的市场，从而找到了新的发展机会。

（3）突出功能

突出功能就是让消费者知道你的产品有什么特别之处，能够解决什么样的问题。

在山东，有一款啤酒主要以"鲜"为卖点。它的啤酒原液直接取自发酵罐，不过滤，不经过巴氏杀菌。产品富含活性酵母，具有独特的丁香花香气，被誉为啤酒中的"酸奶"。

这款产品所配置的冷链系统，能够让产品当天生产灌装，第二天到达消费者手中。冷链的配置使产品特点更加突出，所以这款啤酒一度成为夏天的畅销饮品。

（4）提升体验

提升用户体验，能让产品获得好口碑。

某款知名度不高的白酒，为了迅速打开市场，特地设置了与国内第一品牌白酒的PK环节。

它通过让用户亲自体验拉酒线、赏酒花、看挂杯、闻酒香、品酒味等环节，让用户获得极大的满足感，从而收获良好的口碑。最后依靠口碑效应，迅速提高了知名度。

4. 商业模式

如今企业的竞争，已经不仅仅是产业层面上的竞争，更是一种商业模式层面的竞争。企业市场价值的实现，取决于商业模式。想要获得高的企业价值，就需要好的商业模式。

好的商业模式，不仅能够让企业更加贴近市场，还能为客户创造独到的价值，为客户创造的价值越高，企业获得的利润也就越多。

据美国管理协会的研究显示：全球企业对开发新商业模式的投入，在创新总投资中所占的比例还不到10%！

2000年互联网泡沫破裂时，原时代华纳首席技术官迈克尔·邓恩在接受美国《商业周刊》采访时说："一家新兴企业，它必须首先建立一个稳固的商业模式，高技术反倒是次要的。在经营企业过程中，商业模式比高技术更重要，因为前者是企业能够立足的先决条件。"

因此，研究和开发适合自己公司的商业模式，是一项迫切且重大的任务。

5. 资源优势

如果想把招商项目做好，企业至少需要具备六大资源优势。

（1）项目资源

获取较好的项目资源，是控制风险的第一步。

首先，企业要弄清楚自己的投资方向和具体操作项目。

投资的大范围，包括农业、工业、商贸流通服务业和新兴产业等四大产业，当你决定投资其中一个产业，就相当于决定了自己的投资方向。

投资的小范围，则要细化到实质项目。

（2）资金资源

资金资源包括前期启动资金和后续流动资金。

如果一个项目需要投资20万，那么，当企业实际投入时，最好能准备25万。多出来的这5万元，属于流动资金，这样就能较好地控制风险。

（3）技术资源

简单来说，技术资源就是指一个企业拥有的专业人才。如果企业经营者，不具备专业技术，那么就需要聘请行内专家来填补企业技术资源的空缺。

当然，企业经营者也可以学习深造，将自己磨炼成该行业的专家。

（4）合伙人资源

首先，你挑选的合伙人，一定是要和你志同道合、目标一致的伙伴。

其次，要明确合伙人职责，合理分配股权，设立规范的制度。

最后，双方都需要有宽容品质，不要对一些微不足道的得失斤斤计较，也不要因为对方的一点错误就耿耿于怀。只有这样，双方才能长久合作，把项目做好。

（5）客户资源

获取客户资源最直接的方式就是广积人脉和拓宽交际圈。这样企业经营者就能在人脉资源关系网中挖掘潜在客户。企业也可以通过口碑、广告宣传和品牌影响，提高知名度，让更多目标消费群成为客户。

如果企业能有效地将人脉资源，转化为客户资源，就能把生意发展壮大。不过要注意的是，获取客户资源，并不是倡导从熟人手中直接获取利益，而是要依靠熟人的口碑，吸引更多人脉圈外的用户。

（6）团队资源

企业想要在团队资源方面缔造优势，就得注重人才和人力这两个版块。

企业可以通过两种方式，增加团队里的人才，一是吸纳，二是培养。

人力是建立在人才基础上的，当团队中有足够多的人才后，就需要巩固和提高人力。

在招商路演中，如果能向客户和投资人（经销商）证明，企业具备这六大资源优势，就相当于告诉他们，即使企业存在潜在风险，这些风险也在可控范围内！

6. 崇高使命

企业自觉承担起社会责任，就会形成企业使命感。

企业使命感的作用不只是在于凝聚人心、提高效率、减少交流成本、激发员工斗志，它还是企业的根基和内涵。

如果各经营者在创业初期就带着强烈的使命感，那么他在面对挫折时，就会表现出更强的抗压能力，他的事业自然也能走得更远，他也能获取更多的荣誉和财富。

可能有人会觉得，企业使命感过于唯心。小企业初创时期，往往是逮住一个机会，就拼命赚钱，所以通常不会去考虑自己的企业使命感。

但当企业度过了初创阶段，开始小有规模时，如果经营者依旧不去思考这个问题，企业就会像无头苍蝇般失去方向，难以继续壮大。

崇高的使命感可以帮助企业扩大规模；可以帮助企业经营者在利益的海洋中保持头脑清晰；可以促成一场完美的招商路演，进而创造一个可持续发展的企业。

7. 招商路演操作流程

一场完美的路演，需要精心设计和打磨。一般来说，招商路演需要按照十大流程进行。主要包括欢迎仪式、开场白、领导致辞、故事分享、颁奖仪式、导师分享、制造高潮、递交成交方案，有的企业在路演的过程中，还会加上项目授牌仪式和感恩晚宴等环节。

（一）热情专业的欢迎仪式

对招商路演来说，热情而专业的欢迎仪式非常重要。

欢迎仪式大体包括以下内容。

a. 邀请嘉宾出席。

b. 安排献花。

c. 主持人渲染气氛。

d. 安排讲话。

e. 群众欢迎。

以上各项，要根据路演活动实际情况做具体安排。

为了答谢嘉宾和观众，主办方还可以赠送一些有纪念意义的小礼品。

欢迎仪式规格高低，取决于路演活动的规模大小以及隆重程度。

（二）凝聚人心的开场白

路演的开场主持，一定要成功带动全场的气氛，把活动的热情传递给观众。带动起观众热情后，主持人还要清晰交代活动背景，准确无误地介绍到场嘉宾等。

主持人的任务是把整场路演连成一线，让观众跟着思路走。说出一番凝聚人心的开场白，主持人的任务，就算成功了一半。

优秀的开场白，都是与活动的主题相契合的。

比如路演的主题是"跨越"，展现的是企业的雄心和霸气，那么开场白就要气势磅礴，激起大家的热血。

如果路演的主题是"团结"，那么开场白要走温情路线，触动人们心里某些柔软且温暖的回忆。

下面向大家介绍三种常用的路演开场白方法。

（1）故事法

无论是大人还是小孩，都喜欢听故事电脑，主持人用引入故事的方式来开场，会对观众产生很大的吸引力。

利用故事法进行开场，需要注意，故事要与演讲主题相关；故事要有内涵、有新意、有品位，不能粗俗和俗套；故事内容不要太长，不能喧宾夺主；讲故事要有技巧，尤其是配合身体语言、控制语音语速等。

（2）提问法

主持人抛出问题，即使听众不打算回答，也会急切地想知道问题的答案，这样就吸引了听众的注意力。

提问时需要注意，问题要与主题相关、与大众的兴趣相关；设置问题的目的是引起观众重视，所以问题难度要适中；同时，主持人要确保自己知道准确答案。

（3）回忆法

联系现在的主题和场景，回忆过去发生过的事情，这是与观众拉近距离的好方法。

在选取回忆的事件上，主持人需要注意，回忆事件要是大家所熟知的，而不能只有一小部分人知道；回忆内容要有正能量，这样才能调动起观众的积极情绪。

除了以上提到的方法，另外还有展示背景资料法、活动演示法、引用法、摆事实数据法等开场白方法。如果主持人能把以上两三种方法综合运用，效果会更好。

（三）振奋人心的领导致辞

致辞是人们在特定场合中，宾主双方或一方所发表的一种礼仪讲话。

致辞的作用有以下几点。

a. 传递信息，了解情况。

b. 交流感情，增进友谊。

c. 营造环境，活跃气氛。

致辞的特点是篇幅短小、语言简洁、富有激情、口语色彩、格式固定。

路演中安排领导致辞应注意以下几点。

a. 主题明确，观点鲜明。

b. 内容简洁，条理清晰。

c. 语言通俗，稳重而不失幽默。

d. 发言时间最好控制在10分钟左右。

（四）高瞻远瞩的故事分享

一次完美的路演，离不开高瞻远瞩的故事分享。

许多企业成功后，都会在社交网络传播一些企业创始人白手起家的励志故事来吸引关注甚至一度产生"故事营销"的现象。

这些励志的创业故事，都会把重点放在克服困难这一个点上，而听众恰恰就对创业者克服困难的过程很感兴趣，并产生敬佩情感。

比如，锤子科技的创始人罗永浩——就非常善于分享励志故事。

在"第一代锤子手机产品发布会"中，他就讲了一个小公司被供应商拒绝，弱小团队为了解决困难而艰苦奋斗的故事。

发布会现场的观众听完，就非常容易受到这种励志情绪的感染，从而感慨："老罗真是不容易，我们真的需要多多支持锤子科技。"

想让创业故事变得"扣人心弦"，有几个因素是不可或缺的。

（1）新的观点

好的故事往往能突破常规思维，解决人们内心的疑问，向观众传递新的观点、新的思维，或者对常见的问题，提出与众不同的解决方案等。

（2）自我救赎的情节

励志故事都遵循递进原则，主人公人生观的变化，是推动故事发展的关键。比如有的故事中，主人公最开始"自暴自弃、不信任别人、任性、懒惰、一无所有"，到后来变得"自信、积极、勤奋"，从而获得成功。

（3）融入真情实感

讲述励志故事，内容可以有夸张的成分，但绝对不可以凭空捏造，唯有融入真实感情去讲故事，才能真正打动听众。

（4）结合公司目标和使命

路演者并不是在单纯地分享故事，而是要通过故事达到某个目的，因此，路演中的故事分享一定要结合公司的目标与使命。

（五）鼓舞人心的颁奖仪式

颁奖仪式是路演活动的总结，如果这场路演中，没有比赛环节，也可以替换为分发小礼物。但是，想要带动观众气氛、提高观众参与感，路演中就会设置一些小比赛。

路演中设置的比赛环节，无论规模大小，都要公平公正公开。有时候比赛过程反而不是最重要的，最重要的是颁奖仪式。因为这个环节才能起到展示企业形象的作用。所以，举办方一定要重视颁奖仪式，并提前制订出合理的颁奖仪式方案。

颁奖仪式的程序如下。

a. 主持人对出席成员表示感谢和欢迎、介绍颁奖嘉宾等。宣布颁奖仪式正式开始，要营造出和谐而正式的气氛。

b. 活动负责人致辞，包括介绍活动整体情况、介绍主办方、宣读获奖名单等。

c. 为获奖者颁奖，奏响音乐，组织获奖者有秩序地上台，并在指定位置站好。

d. 请颁奖嘉宾上台，司仪呈上奖状和奖品。

e. 安排颁奖嘉宾和获奖者合影留念。主持人对颁奖嘉宾表示感谢，恭贺获奖选手，并请选手有秩序地离场。

f. 获奖代表发表获奖感言，发言完毕后，主持人表示感谢，并发表一下感想。

g. 重要颁奖嘉宾致辞完毕后，主持人宣布颁奖仪式结束，并对与会人员表示感谢，组织出席人员有秩序地出场。

在颁奖过程中，颁奖辞是主题活动不可缺少的重要环节。颁奖辞要饱含情感，同时，也要简洁凝练，要保证在几句话之内，就可以体现出人物的神韵与风采。

例如《感动中国》年度人物评选中为邰丽华所设计的颁奖辞，就堪称经典。

从不幸的谷底到艺术的巅峰，也许你的生命本身就是一次绝美的舞蹈，于无声处再现生命的蓬勃，在手臂间勾勒人性的高洁，一个朴素女子为我们呈现华丽的奇迹，心灵的震撼不需要语言，你在我们眼中是最美。

（事迹：2005年的春节晚会，一下子让所有的中国人都知道了邰丽华以及她领衔的舞蹈《千手观音》。在无声的世界里，邰丽华创造出一种特殊的美丽，给人们带来纯净至美的艺术享受。）

（六）全场瞩目的导师分享

在一场完美的路演中，精彩的导师分享必不可少。能够掌控全场的导师分享，可以让路演的受众当场收益，使他们对路演活动刮目相看。

那么，在一场常规的路演中，导师如何才能掌控全场呢？

（1）开场动作

导师走向讲台，接过话筒，脸色严峻，一言不发。

他的目光从观众脸上一一扫过，好像在寻找什么。全场气氛凝重，鸦雀无声。

大概一分钟后，导师指着某个人，手心向上，示意对方起立。原来，导师正在寻找一个适合进行互动的观众。

搞清楚导师意图的观众们，霎时松了一口气，会场气氛立刻变得轻松起来。

以上这个开场技巧，不仅可以瞬间抓住观众的心神，而且能在分享开始后，迅速带动起会场气氛。

（2）表演艺术

要保证观众的身心跟着你走，只有开场动作可不够。

上台后，路演者要把自己当成演员。某位著名相声大师每次上台表演，都喜欢背诵几句短小精悍、诙谐幽默的诗，从而让人印象深刻。这样不仅能迅速聚集观众精神，而且可以立刻让演员进入表演状态。

路演者也可以学习这种方法，通过一些表演艺术，吸引观众注意力。

（3）艺术手法

超级导师总是能够在演讲一开始的时候就抓住观众的心，为何？因为他们懂得用艺术手法。

运用冲突、反转、悬念或设问等艺术手法分享故事，能让观众随着导师的演讲故事，心潮起伏。

（4）个人形象

人靠衣装马靠鞍，专业的分享导师要懂得在个人形象这个方面下功夫。

无论是严谨认真、气场强大，还是个性独特，这些感觉都是要靠你的形象传递给观众的，也是你掌控全场的基础。

所以导师不仅要长期练习演讲技巧，还要精心塑造个人形象。一套得体的服装、一个精致的发型，都是上台演讲时不可缺少的配备。

（5）权威头衔

权威头衔代表着导师在某个领域获得的成就。当主持人用"某某主席""某某专家""某某创始人"等权威头衔来介绍导师时，能让观众迅速建立起对这位导师的信任。

（七）引爆气氛的高潮时刻

路演活动中，往往会出现既能让路演者情感激昂、气场大增，又能让听众精神振奋、情绪激动的时刻，一般我们把这样的时刻称为路演的高潮时刻。

一次路演活动中，若能出现一次或几次高潮时刻，就说明路演者与听众之间产生了强烈的感情共鸣，也说明听众是发自内心地赞同路演者的主张。反之，如果路演中没有出现高潮时刻，那么，这个路演就是一次失败的活动。

怎样才能让路演出现高潮时刻？

a. 路演者要运用各种演讲技巧，紧紧地吸引住听众，在演讲高潮时讲述出丰富的哲理、表现出浓烈的情感，从而达到让听众回味无穷的效果。

b. 演讲高潮的那些名言警句，要从可靠的事实或充分的理由中自然而然地引申出来，切忌牵强附会，生涩难懂。

c. 如果演讲较短，那么高潮时刻穿插在结尾前就比较恰当。篇幅较长的演讲，则要依据实际情况做出具体安排，最好能在演讲的中间和结束前出现几次高潮。

d. 语言要简洁明了，表情要亲切得体，例子要生动有力。只有做到这些，路演者才能把自己与听众的思想感情推向高潮。

乔布斯的演讲时常被人称赞，因为他每次演讲，几乎都会有高潮时刻，这也是他演讲中最为精彩的部分，其实，这些精彩时刻都是事先设计好的。

2009年1月24日，苹果迎来了25周年庆。乔布斯身穿灰色休闲裤、双排扣外套、打着领结出场了！

他引用他最喜欢的音乐家鲍勃·迪伦的话，揭开了发布会的序幕。

描述完新款电脑的特征后，乔布斯说："现在，我想让大家亲身感受 Macintosh 电脑。"

这时，灯光黯淡下来，Macintosh 电脑开始用数字化的声音发言了："您好，我是 Macintosh 电脑。我很高兴从那个袋子里脱身，现在感觉棒极了。我还不太习惯公开演说，但是我想和大家分享，我第一次遇到 IBM 大型机时所想到的一句格言：永远不要相信一台您举不动的计算机。我为能向大家介绍下面这位先生而自豪——他就是史蒂夫·乔布斯先生，一直以来像父亲一样对待我的人……"

而这时，台下的人群已经为之疯狂。他们站起来，欢呼着，叫喊着。

在路演现场让苹果机自己开口给自己做宣传，足够引人注目，实在是明智之举。

（八）无法抗拒的成交方案

有人说，人们买的不是"东西"，而是"机会"。

所谓让人无法抗拒的成交方案，就是把机会捆绑在一起当成服务或产品进行销售。简单来说，就是路演者要让顾客不由自主地暗示自己："如果我现在不买，就错失了一个机会，那我就是个大笨蛋！"

成交主张要在策划路演方案时就打造出来，哪怕这个方案有些部分还不能让人满意。只要成交主张有足够的吸引力，对销售业绩的提升就会有帮助。

成交主张必须要容易理解，如果潜在客户无法理解你所讲的内容，你就永远地失去他们了。

以下是六大成交主张。

（1）提供分期付款

客户看到每期仅需支付很少的费用，他们的购买欲望就会马上提升。

（2）赠送礼物

客户购买产品，承诺赠送一个或多个的礼物。如果礼物能够刚好满足客户的相关需求，那么成交可能性就会增大。

（3）制造出数量有限的感觉

稀缺性能让客户在购买时减少犹豫，这种稀缺性的感觉并不一定要在产品上寻找，也可以利用赠品，如：赠品仅有20件，送完为止。

（4）告诉客户该做什么

路演者想让客户当天就记下自己的联系方式、访问自己的店铺、给自己发信息、点击"订购"按钮，就要告诉客户该做什么。

客户总是需要你手把手地牵引，并详细地告诉他们具体的操作步骤。接着，你还要告诉他们如果马上采取行动的话会有什么结果。比如，路演者可以这样说："立即订购，即获免费赠品！"

（5）让你的成交方案看上去真实可信

要想让客户相信你的成交方案，最好的方法就是为客户提供见证和实际案例。路演者还可以把图片、表格、数据等和见证结合起来，这样会更有说服力。

（6）不能事先把价格告诉客户

无论卖什么产品，高价格都容易吓跑客户。所以，我们要先把产品的价值跟客户说清楚，只有客户明白了产品能给他带来的价值较高，才不会因为产品价格高而立刻走人。

制作一个让人无法拒绝的成交方案的确会耗费很多时间，但这样能降低风险、增加产品的价值、以及迅速增加客户的回应率。所以，一场完美的商业路演，需要一个完美的成交方案。

（九）隆重的剪彩授牌仪式

在路演开始之前，需要路演的企业，会委托专业团队规划路演活动。

双方达成合作之后，需要举行一个剪彩授牌仪式，授牌仪式目的在于庆祝项目正式开始，进一步扩大宣传，并通过媒体传播，提高公众关注度。

剪彩授牌仪式涉及面广，程序烦琐，是一个系统工程，因此需前期周密布置。为了确保开业庆典仪式的水到渠成，不因前期工作的仓促准备而影响既定的实施效果，最好能够成立专门的筹备小组，专职事前各项活动的落实工作。

以某项目剪彩授牌仪式的前期准备工作规划为例。

（1）向有关单位申请占道，搭建手续，提前5天获取当天的天气情况资料。

（2）落实出席庆典仪式的宾客名单、有关领导，兄弟单位的领导，提前一周发放邀请函，并征集祝贺单位，请主要单位确认。

（3）联系新闻媒体广告的制作与投放时间安排，拟定新闻采访邀请函，找准可供媒体宣传的切入点，推销"买点"。

（4）多方共同拟订周密的典礼议程计划。

（5）落实领导安全保障体系。

（6）确定各位领导讲话稿，主持领导的主持稿、致辞，讲话议程所涉及的其他文案。

（7）落实现场停车位，各单位代表停车区。

（8）落实电源位置并调试及其他相关事宜。

（9）落实典礼活动的应急措施。

（10）确定开业剪彩仪式宣传标语的内容，需提前5天交礼仪公司工程部制作。

因为前期涉及审批、洽谈等耗时较长、变数较多的内容，所以以上工作最好在剪彩授牌仪式开始前一个月就着手准备。

当前期准备工作完成，我们就可以开始设计仪式流程。

以某项目剪彩授牌仪式的流程设计为例。

（1）参与活动人员的邀请，包括相关单位代表及领导、政府官员和合作企业相关领导。

（2）参与活动相关媒体（记者）的邀请。

（3）活动用品的准备，包括礼品、视听设备。

（4）现场布置及设备准备：场地内外路边两侧设立彩旗、氢气球（彩虹门），并悬挂庆祝竖幅；于卖场出入口空地处搭建表演舞台及嘉宾席、观众席；用红地毯于舞台上设立剪彩台（为嘉宾、领导设置）；音响及话筒、彩条、剪刀、气氛礼花、气球等；引导员；相关技术保障人员；安保人员；摄影师、摄像师、各表演组；礼品；引导员绶带、托盘、鲜花等；嘉宾胸花（胸卡）、座席卡、遮阳伞。

（5）剪彩仪式流程设计。

a. 引导员接待指引来宾到指定位置（备流程表）。

b. 预热音乐结束，准备就绪后剪彩仪式开始，由主持人致欢迎词，并介绍来宾。

c. 首先由领导讲话，进行授牌，可准备礼炮、播放音乐。

d. 再由领导致贺词以及讲话，主持人宣布剪彩。

e. 各领导剪彩，引导员从一侧手端剪彩银盘上台，依次站在嘉宾右侧，摄影合照后，逆向退场。

f. 开始节目表演，领导合影后陆续上车，驶离。

一场成功的剪彩授牌仪式与主持词的优劣密不可分。

以下是某镇被评为"信用镇"时的授牌仪式，它的主持词可供读者参考。

各位领导、各位来宾：

今天，我们在这里隆重召开会议，举行"信用镇"授牌仪式。

参加仪式的领导和嘉宾有……

另外，参加今天授牌仪式的还有农合行××支行的部分领导及同志、我镇全体干部职工及各村常务干部。让我们以热烈的掌声，对各位领导在百忙中莅临授牌仪式表示欢迎！

今天的授牌仪式共有七项议程，下面依次进行。

现在进行第一项，请镇人民政府镇长××同志致欢迎辞。

现在进行第二项，请贵州兴义农合行监事长××同志宣读信用村、信用镇审批文件。

现在进行第三项，请市领导为××村、××村和××村授"信用村"牌，请各村村民委主任接牌。

现在进行第四项，请××同志为××信用镇授牌，请镇长××接牌。

现在进行第五项，请××同志讲话。

现在进行第六项，请××同志讲话。

现在进行第七项，让我们以热烈的掌声欢迎××同志上台做重要讲话。

同志们，授牌仪式议程已经进行完毕，在本次授牌仪式上，××镇长代表镇政府做了发言。××主任……分别做了重要讲话，对我镇被评为信用镇和农村诚信体系建设都给予了充分肯定和较高的评价。

信用乡镇的创建，对于解决农民贷款难、营造诚实守信的信用环境将起到重要作用，广大干部职工和各村常务干部要深入宣传，积极营造"信用乡镇信用村，信用农户讲诚信"的良好氛围，为推动我镇经济又好又快、更好更快发展，谱写更美好明天而努力奋斗！

今天的授牌仪式到此结束，谢谢大家！散会。

（十）有声有色的感恩晚宴

在路演结束后，有些企业会希望举办感恩晚宴，因此这一个环节，也要考虑到路演落地流程里。

要想把客户感恩晚宴办得有声有色，在感恩晚宴前期，就要做好如下工作。

a. 安排好嘉宾位置，把每位嘉宾的名字或是编号贴在椅子后面，方便嘉宾就座。

b. 晚宴舞台灯光音响调试完毕。

c. 晚宴演艺节目提前彩排完成、主持人背稿完成。

d. 准备好晚宴抽奖礼品。

在感恩晚宴上，祝酒词至关重要。

一篇好的祝酒词不但能起到调节气氛、增进感情的作用，有时甚至可以起到让商业合作的开展事倍功半的效果。

在进行祝酒时，首先要把对来宾的感激之情表现出来，接着切入主题，最后再表达自己的祝福。

对来宾的问候和欢迎要尽量在祝酒词的开头部分表现出来，当然，具体的安排需要根据宴会的性质来决定。

祝酒词以酒为媒介，再加上热烈的语言表达，能够为酒会增添友好的气氛。

衡量一篇祝酒词是否成功，主要看主持人发言完毕后，在座的人是否都情不自禁地举起酒杯。

祝酒词在整体上有六个讲究：短、真、幽、直、妙、畅，即短小精炼、真情满怀、诙谐幽默、直截了当、妙趣横生、畅所欲言。

此外，精彩的主持词也是必不可少的。

以某娱乐会所的一篇客户感恩晚宴主持词为例。

各位尊贵的领导、嘉宾朋友、女士们、先生们：

大家晚上好，我是今晚的主持人×××，欢迎大家来到××娱乐场2015年贵宾晚宴现场，在此对各位的到来表示最诚挚的欢迎和衷心的谢意，感谢各位。

今晚明月朗照，处处流光溢彩，×××娱乐场特意制作了经典的百老汇式主题场景，加上一连串精心安排的舞蹈及歌曲表演，务求为各位贵宾带来一个载歌载舞、激情欢乐的晚上。

×××娱乐场是×××酒店集团旗下之重要娱乐发展项目，开业至今，已经9年了，我们一直秉承××集团的宗旨，以专业、优质、贴心的服务为待客之道；一路走来，点点滴滴，逐步累积，成功打造出一座休闲娱乐的高端会所。

公司全体同仁9年的磨砺，9年的奋斗，加上各位贵宾的鼎力支持，使×××娱乐场扬帆起航、振翅翱翔，才拥有今天的丰硕成果。

回首往昔，此时此刻，我们公司的总经理也百感交集，相信他心里也有很多话想对各位贵宾说，让我们以最热烈的掌声欢迎×××娱乐场总经理×××先生上台致辞。

（娱乐场总经理致辞）

感谢××总振奋人心的讲话，请××总留步。在刚刚的致辞中，××深深表达了他对××娱乐场的殷切期盼，使我们感慨万分，身受脾益。

今晚公司所有高层领导都从百忙中抽空出席我们的晚宴，就知道我们的贵宾是多厉害了，真的可算是名流齐聚，群贤毕至。正所谓挚友难得聚一堂，喜庆聚会话衷肠，载歌载舞任逍遥，美酒佳肴梦飞扬。

我们有缘能聚在一起的都是好友，在这个欢天喜地的日子里，又怎少得干上一杯呢？现在有请我们各位嘉宾上台，进行祝酒仪式，下面让我们以最热烈的掌声欢迎他们。

（管理层祝酒仪式）

有朋自远方来，不亦乐乎，十分荣幸地迎来各地的朋友欢聚于此，共赴××娱乐场贵宾晚宴之约。来，我们大家拿起手上的酒杯，一同起举杯同欢。

祝愿×××娱乐场一年胜过一年，生意兴隆，宏业大展，前程无限！愿诸位嘉宾朋友身体康健，财源滚滚，事事顺利。感谢各位嘉宾，请回座。

俗话说得好，酒逢知己千杯少。的确没有说错，见到大家的笑脸，那种由心底散发出来的喜悦心情，真的让人好想干上几杯！

今晚高朋满座，酒宴丰盛，真是一场色香味俱全的味觉盛宴。不但如此，紧接下来惊喜源源不绝，我们将会为大家带来百老汇式的连场劲歌热舞以及丰富奖品的游戏环节。

请大家耐心等待幸运的降临及神秘嘉宾的重磅来袭，现在请先享受我们为大家准备的珍馐美酒吧。

（晚宴开始，上菜）

今晚大会的安排可是费尽心思，将舞台变成另一个世界，大伙可在这里尽情畅玩百老汇式的派对，与明星零距离接触，创造专属于大家的狂欢之夜。

派对现在正式开始，现在有请×××Dance Studio率先为大家送上节奏感强劲、热情奔放的爵士舞。

（舞蹈表演 - New Jazz I）

×××Dance Studio曾是××明星世界巡回演唱会澳门站表演的舞蹈团队，曾多次到海外比赛，尝试融合澳门的独特原创文化加入舞蹈演出中，把舞蹈推上更高的艺术层次。现让我们先热一下身，随着音乐自由摇摆……

（演唱歌手介绍）

开场舞已令现场开始燃烧着火辣辣的气氛，热力四射，谢谢Zeal狂野性感的爵士舞表演。

除了激奋人心的爵士舞表演，歌声也是传达我们愉悦心情的最佳形式。××娱乐场今晚很高兴邀请到新生代女歌手，有"小巨肺"之称的××作演唱嘉宾。现在让我们以热烈的掌声有请×××上台。

谢谢×××的演出，实在令人不敢相信如此娇小甜美的×××拥有这样浑厚的声音和让人欲罢不能的极限音域，相信各位嘉宾都被她的歌声深深吸引了，心应该也融化了吧！

但×××娱乐场为大家准备的惊喜演出才刚刚开始，欣赏完绕梁三日的动人歌声后，我们将为各位嘉宾送上由×××舞蹈工作室呈献的韩国K-pop舞蹈表演，让你感受风靡全球的韩风时尚韵律。

（舞蹈表演 – K-pop）

看来韩流已吹遍了整个宴会厅了，大家要注重保暖哦！谢谢TDSM带我们走进了年轻、活力的世界里，感受最酷炫的节奏快感。专业的演出让这个狂欢晚宴充满美妙而又疯狂的激情。

（宣布晚宴结束）

难忘今宵，快乐的时光总是短暂的，虽然我们无法阻拦时间流逝，但希望今晚的精心策划能带给大家无限欢乐。

×××娱乐场贵宾晚宴到此圆满结束，再次感谢各位嘉宾领导的莅临参与。虽然晚宴已结束，但我们希望大家都能把这种欢乐带回家，主办方会大家送上一份小礼物作为纪念以表谢意。

祝愿大家身体健康、红运当头、路路大顺。晚安！

第4章

融资路演助企业价值放大

有愿景的企业不一定能赢,但没有愿景的企业一定会输。所以,放大你的企业愿景!

世界上最贫穷的公司并非发不起员工工资的公司,而是没有远见的公司。愿景就是看清楚企业的发展方向,并拥有远大目标。

1. 放大企业愿景

融资路演绝非易事,但融资路演有一定的规律可循。

融资需要按正确的步骤堆进,通过讲故事不断推销自己。除此之外,还有最重要的一件事——你需要有一个大愿景,并把它扩大。

初次创业的人一般不敢想大的愿景,因为大的愿景对他来说是种负担。但是做融资路演的目的就是为了吸引投资人来投资项目,因此无论企业的愿景是什么,请把它放大,并且让它变得更加吸引人。

第一次融资路演,你可能会感到很紧张,羞于表达自己的愿景。但一回生,二回熟,随着时间的推移,路演次数的增多,你的经验也会随之丰富。并且你会拥有更大的愿景,这些大的愿景也能刺激你变得更加努力。

无论是大企业还是小企业,都必须要有大的愿景才能不断强大。一流企业有 20 年计划,二流企业有 10 年计划,三流企业有 3 年计划,不入流企业只有今日计划。有愿景的企业会有明确的奋斗目标,不会因为小的挫折或者大的诱惑而中途夭折。

特别是对小企业,愿景像指南针,能够帮助企业明确方向,指明企业该做什么,勾勒企业未来形象,有助于企业集中精力和资源。同时,它又能让小企业知道自己擅长什么,有哪些经营方法,哪些才是重要的,有助于企业专注于做最重要的事。

放大你的企业愿景!放大你的企业愿景!放大你的企业愿景!

世界上最贫穷的公司并非发不起员工工资的公司,而是没有远见的公司。愿景就是看清企业的远大目标,企业要飞多高?飞多远?

飞到哪里去？为什么能到？怎样才能到？有愿景的企业不一定赢，但没有愿景的企业一定会输。

2. 核心故事模式

融资路演就像是表述和传递信息，告诉投资人企业的故事，企业的过去、现在和未来。

企业在起步时资源缺乏，条件艰苦，只有信念和愿景支撑着它。这时候，就需要企业家亲自上阵，给投资人描绘一幅蓝图，邀请投资人加盟投资。

故事好不好听、能不能被听懂，取决于演讲人对逻辑和感情的把握。无论是融资还是销售，用故事去传递企业的想法，更能吸引人的关注。

下面先介绍讲故事的逻辑，行业不同，逻辑可能就不同，但都是 3W+1H 模式。

传统行业逻辑的顺序如下

who：我们是谁？要做的是什么？

why：我们为什么要这样做？

how：行业情况和市场空间是怎样的？我们该如何去盈利？

what：我们的商业战略和模式是什么样的？

互联网行业逻辑的顺序如下

what：你应该做什么？你的产品或服务能解决用户的什么需求？

why：你为什么要这么做？你的产品或服务为什么可以满足用户的需求？

how：你应该怎样去做？你的产品或服务要怎样才能满足用户的需求？

who：你应该让谁去做？你的产品或服务让团队里的谁去做才能满足用户的需求？

讲好故事有以下几个步骤

概括当下的环境。

辨别让事情变复杂的背后因素。

找准处境需求，回答必须要回答的问题。

给出明确的解决方案。

有一个缩写模式能够帮助我们记住这个步骤——SCQA，即Situation（现状）、Complication（杂因）、Question（问题）、Answer（回答）。

有一个"会计自动化项目"的提案能够帮助我们更清晰地了解这个模型的工作原理。

团队：我们的团队成员都是来自EngineYard和1st BD的技术大牛。

市场：会计自动化项目占公司所有营业额的3%

下面是通过讲故事的形式呈现的提案。

处境：电子商务正在以比以往更快的速度和复杂性进行着，这一趋势还将继续。贸易的自动化的高速发展需要与之相匹配的会计自动化。

复杂性：当Stripe通过API解决了支付流程的时候，会计环节仍然由人工制作电子表格来完成，这很难形成规模化。

问题：谁能够开发API服务，让会计以高速自动化的形式完成？

回答：Subledger是一个规模化的可以通过API实现会计自动化的工具。这是一个非常庞大的市场，我们已经组建了一个强大的团队。

按照以上逻辑，把内容连接起来成为有趣的故事，能够吸引投资人更多的关注。

毫无疑问，讲故事在融资路演中大有用武之地。故事能拨动人的心弦，在融资路演中绝对是一个非常有效的换取真金白银的工具。

3. 快速融资4大关注点

不管是融资还是发布新品，当然是越快越好。以下是快速融资要关注的几个问题。

（一）创始人需要为路演早做准备

无论是采用线下路演，还是采用线上视频路演的方式，在融资路演中，创始人都一定要身体力行、亲自上阵，在投资人面前介绍产品、企业思路和所取得的成绩。一般人大概需要花两个星期左右的时间刻苦练习，才能把一段话说顺溜，所以越早准备就越好，临时起意是危险行为。

（二）时刻保持融资意识，平时注意积累投资人资源

如果你积累了足够多的投资人资源，一旦时机成熟，就可以火速发起融资并通知投资人。

什么叫时机成熟？不同的创始人有不同的判断依据——可能是产品在某个领域取得了一定的成绩，需要转型，需要扩大领域；可能是产品的运营遇到了瓶颈，需要迅速扩张来突破；可能是已经有了稳定的用户增长，需要成本来探寻商业模式。

总之，这都需要创始人对自己的企业和产品了如指掌。

（三）创始人对企业全面、具体的了解，以及优秀的表达能力

以上这三点，都是围绕创始人自身的能力或意识提出的。因为融资本身就是创始人和CEO最该操心的事情，他们个人的水平决定了融资能不能成功。

（四）灵活、高效、默契的企业团队

a. 管理要扁平化。在融资路演中，扁平化管理相当重要。只需召集十几个核心员工，跟他们说"我们要开始融资了"，在民主的氛围下讨论，不分等级的执行后，CEO就可以开始融资路演了。

b. 团队要默契。在任何困难面前，最可靠的永远是人。

c. 工作思路要灵活。路演开始前需要解决一些具体问题：怎样吸引媒体关注？怎样在网上传播？怎样解决场地问题？灵活的工作思路几乎能够解决任何疑难杂症。

d. 团队要高效且活力充沛。一群脑子灵活、身体健康的年轻人，是应对突发事件最好的团队。

以上就是想要实现快速融资的创业者们最该注意的问题。

开始融资时，首先要知道该去找谁，接着要让投资人知道你是谁。如果你打算创业，一开始就应该接触各种天使投资人和VC投资人，与他们打好交情，保持好基础的信任，至少要混个脸熟。如果你和基金经理是熟识多年的朋友，而且他们对你这个人信得过去，那么不管你是做什么的，融资都会容易很多。

4. 融资估值

估值对创业者来说很重要。

获得用户是早期公司需要关注的重点。吸引用户的速度越快，用户的价值就越大。如果其他条件都对你不利，但你有很多用户，那么这就是一个很好的融资机会。

只走现金流的公司增长缓慢，同时也意味着公司估值会更低，因为融资的增长相对缓慢。相对来说，能通过多个渠道获得收入的公司估值会更高。

但赚钱不应该成为创业公司的唯一核心。在赚钱的同时，更应该考虑如何实现快速增长的问题。如果增长速度慢，那么，就意味着这仅仅是一个传统的商业模式。

利用估值进行融资需要注意以下两点。

（1）根据进展情况融资

只有在绝对需要的情况下才去融资。盯准稳定的增长率，让创业公司稳步增长、稳步提高估值是正确做法。但这种方式不太可能让你成为焦点，不过在下一轮融资中，你可能会取得成功。

（2）要么选择做大，要么选择关门

靠尽可能高的估值去获得尽可能多的资金，接着把钱花出去获得增长。以增长带来下一轮更高的估值，高到能吸收所有成本。

5. 放大公司估值

如何做大公司的融资估值？

融资估值包括融资前估值和融资后估值。

在大多数情况下，对估值来说，价格（Price）比价值（Value）更值得被强调。因为价格是由短期交易决定的，但价值是一种长期共同认可。

如何做大公司估值呢？

a. 找一个敢给高估值的投资人。

b. 让投资机构觉得物有所值。

c. 宣传、放大估值，在法律允许的范围内自夸。

6. 撰写商业计划

（一）商业计划书写作指南

"市场大，我们强，我们不仅能赚很多钱，而且在未来有非常大的商业价值。"这是创业者通过商业计划书向投资人路演时应该遵循的逻辑，因为它吸引投资人的注意。每一份内容翔实、准备充分、思路清晰的书面商业计划书都能给企业带来益处。

商业计划书应该要包括以下十一项内容。

（1）项目的概况

你的定位是什么？市场怎么样？产品是什么？怎么推广？与同类产品相比，竞争优势在哪里？后期如何服务？运营现状怎么样？需要多少资金？简单汇总即可。

（2）战略定位

简单描述公司的战略定位和愿景。说明你是做什么的？未来要发展成什么样？

（3）市场分析

行业发展趋势如何？目标客户在哪里？他们的需求是什么？最好用图和第三方权威数据来说明。

（4）产品

你的产品是什么样的？核心价值是什么？

（5）推广

重点说明公司已采取或准备采取的推广策略，用哪些渠道？有哪些资源和合伙人可以应用？

（6）竞争优势分析

以表格方式列出行业内的竞争对手，从技术、团队、用户、资源、运营、融资等方面进行比较。

（7）后期服务

服务的标准是什么？

（8）商业模式

盈利模式是怎样的？长期和短期的应该区分。核心业务是什么？有什么核心资源？

（9）运营现状

同类产品的运营现状与公司现在的运营现状做对比。介绍目前公司的用户有多少？活跃粉丝有多少？留存率是多少？日订单数有多少？这些数据直接影响投资人对公司的评估。

（10）融资计划

向投资人表明融资计划，融资金额需要多少？用途在哪里？最好能细化，并制订具体资金分配方案。

（11）发展规划

短期规划和长期规划，以图表说明更直观。

（二）设计与撰写封面

清晰、整洁的商业计划书封面，不仅要让人看上去觉得心情愉悦，而且要让人产生迫不及待想要阅读的欲望。

商业计划书的封面不要太花哨，商业原本不复杂，太过装饰将会给人幼稚的感觉，只要便于制作和打印就好。

不仅是封面，封面之后的第一页、第二页，包括之后的每一页，都要进行合理的设计。

封面上要放公司的名称和标志、打上商业计划书字样，以最简洁的方式表现出来。再加上文档编号和条形码，会让人感觉更加专业。

封面上最好写上简单的联络信息、"注意保密"字样以及完稿时间。不要放太多的内容，越简洁，越能让人感觉到你思维的清晰。

还可以写上公司管理团队名单和联络方式，并且指定一至两名联络人。

（三）提取项目的执行摘要

执行摘要是BP（商业计划书）的精华，通常要包含所有BP的要点，以便一目了然。执行摘要就是要帮助VC（风险投资人）在最短的时间内把"珍珠从沙粒中挑出来"，接着再比较"珍珠"质量的高低。

执行摘要只是BP的浓缩版，并不需要包括BP的每个方面。一般来说，执行摘要需要包括以下几点内容。

a. 介绍公司的产品和服务，说明它能帮助用户解决的问题。清楚地描述目前出现或以后会出现的问题。描述的时候要用直白的语言，让人一看就懂。如果客户是知名公司，一定要在执行摘要上提及。

b. 可以直接简练地概括公司的亮点，找一些重要人物帮你做信任背书。

c. 描述公司的商业模式、合作伙伴、合作原因以及公司在价值链、产业链的位置。说明公司的收入，盈利方式是什么。

d. 分析行业状况，包括市场规模、对手情况、发展前景等。

e. 用正面、积极的词语来描述公司的目标和竞争优势。比如，相对于其他公司的解决方案，你的解决方案有什么优势。

f. 展示公司的历史财务状况和未来财务预测，最好用表格的方式把"客户增长"等驱动因素也写上。

g. 描述公司的融资金额和用途。

h. 展示创业者和核心管理团队的背景和成绩。

注意，没有一个模板是适用于所有公司的，你要知道对你来说哪些是最重要的，哪些是无关紧要的，哪些需要强调，哪些可以一笔带过。

（四）洞悉用户的痛点本质

需求是痛点的本质，通常由以下四点切入。

a. 是否存在尚未得到满足的需求。这就是行业内目前没有人能够解决、用户却非常渴望得到解决的问题，也就是所谓的蓝海。然而不是每个人都能发现蓝海，也不是每一个"蓝海"都是真的蓝海。

b. 能否使满足用户需求的成本降低？能不能提供更便宜的甚至是免费的产品或服务？

c. 能否更快提高满足用户需求的效率？提高效率意味着为客户节省时间，也意味着单位时间生产的产品更多、成本更低。

d. 产品能否满足客户需求？产品品质能否提高？你能否大幅度提高产品的用户体验？

创业，就一定是创新。世界上所有的聪明投资，都围绕着提高效率，降低成本，提高用户体验这三点。

那么，怎样围绕用户痛点，写好商业计划呢？

好的计划书站在投资人的角度去写，融入销售心理学。

a. 一句话概括你要做的事情，解决了什么痛点。

b. 你是怎么做的？用几句话表述清楚。你的方案有什么优势？你拿出了什么解决方案？提供什么服务？和竞争对手的做法有什么不一样？

c. 取得了什么样的效果？把竞争对手的数据拿出来对比。

尽可能重展示产品或服务的独特价值和动人的细节，从用户的痛点出发。

（五）完美地呈现解决方案

在商业计划书中，如何完美地呈现解决方案？

大部分人在学车或健身时可能会被教练这样训斥过："我都说了让你那样子去做，你怎么老是学不会啊？"在这里，教练犯了一个错误：把"目标"当成了"解决方案"。

"减少学习失误"是教练的目标，但上述斥责只不过是把目标又强调了一遍，根本就不是解决方案，这样不但无法帮助学员达成目标，反而会让学员学习得更慢。

这也是很多创业者在商业计划书中经常会犯的错误：错把目标当成方案。

以某款功能饮料广告方案为例。

公司的功能饮料，想要让消费者更多地记住其更多的特点。

（1）把目标当方案的思维：补血、提神醒脑、提高免疫力、补充体力、让肤色更加健康、减少黑眼圈，就喝XXX。

这则广告的误区在于，以为把目标说得越多，就越有助于达到目标。

（2）解决方案思维：消费者记不住我们的功能，是因为我们功能点说得太少了吗？还是因为功能点太多，但是一个都不深入？把1个点重复6遍，消费者可能会最终记住1个点；但是把6个点重复1遍，最终可能记住0个点。

因此，为了避免消费者无法记住产品情况，还不如只说："加班熬夜，喝XXX！"。

如果路演者一开始就习惯"把目标当方案"，那么一切就会变成泛泛而谈的口号，比如"永远争第一""提高员工道德水平"或者"明年业绩再增长20%"。不要直接把目标当作方案本身，而是要思考如何才能找到最能帮助实现目标的方法。

路演过程中，路演者要学会站在信息接收者的角度考虑问题，简单来说就是，当你提供一个信息或者行动时，你应该思考的是"对方接收的是什么"。

Fire Wire可以理解为像火一样快的数据线，这是从"信息接收者"角度的命名方式。我们日常用的数据线叫USB，意为通用串行总线，这是从生产者自身角度命名的名字。

对生产者来说，数据线之间的区别是使用了什么技术。因此如果从自身出发，自然是用USB这样的名字。但是从信息接收者（消费者）角度出发，数据线区别可能只是"快慢"，"Fire Wire"这样的名字当然更加容易吸引消费者。

虽然这个道理大家都知道，但却不容易做到。在我们的第一直觉中，总是会不由自主地先考虑自己，而不是对方的需求。

真正的解决方案应该是从"信息接收者"出发的。我们应该考虑投资人是如何从行动上接收某个观点或信息的，而不是我想如何传达这个观点或信息。

商业计划书中，有效的解决方案要把以下三点结合起来。

a. 用户的需求重点：用户选择产品时的需求痛点。

b. 竞争对手薄弱之处：竞品有哪些弱点，放大这些弱点。

c. 自己产品的优势：结合上面两个点，将之转化成自己产品的优势。

好的解决方案遵循典型的"目标——问题——解决方案"逻辑思维过程，它有以下几个要点。

a. 目标定义清晰。一句话描述清楚，确保这个目标就是产品战略上的重要目标。

b. 目标到问题的分解，推导路径严谨。

c. 明确要解决的问题。

需要强调的是，这不只是一个纯粹的逻辑过程，也会有许多经验判断、想象预设的偏感性的部分。这个方法要运用得好，更多还是依赖于产品经理对业务和用户的理解深度。

（六）说明利润的增长空间

市场分析关系到能否说服投资人投资，是商业计划书中的重中之重。回报是投资人密切关注的点，所以你要把项目有什么优势、市场有多大、能产生多少回报等信息告诉投资人。

以下是做好商业计划书的市场分析的方法。

a. 你的产品或服务市场前景如何？这个痛点背后有多大的商业价值？你想要占有多大的市场份额？要用一句话来描述市场规模和潜在的远景，根据产品和定价来估算真实有效的市场收入，而不是随便说要占多大份额的市场。

b. 你的产品或服务能够吸引多少用户？这些用户又分为什么级别？当然，市场预期不仅是看用户数量，一些用户数量少，但客单价高的产品或服务,也会被认为是市场预期的。

c.你的产品或服务市场状况如何?有多少人在做?这些人做得如何?什么时候做合适?如果你去和别人竞争,优势在哪?

d.说明如何行之有效地做市场。此处忌讳通篇讲产业、讲概念,不务实、不落地。应该告诉投资人市场选在哪儿?机会在哪儿?

行业分析。描述在目前的市场背景下,项目抓住了哪些用户痛点,或者项目可以为用户带来性价比更高的产品或服务。

总之,要尽量列出与竞争对手的对比分析,表明当前的商业机会。重要的是与产品直接相关的市场数据,比如微观市场等,这些数据越详细越好。

(七)明确与分析竞争对手

在商业计划书中,分析你的竞争对手是必不可少的部分——包括你目前的竞争对手和潜在的竞争对手。

在商业计划书中,竞争分析部分就要阐述清楚以下问题。

a.你当前的竞争对手是谁?他们的市场份额怎样?他们取得了哪些成绩?

b.竞争对手的目标市场是什么?他们专注于大众市场还是小众市场?

c.竞争对手业务是在增长还是在萎缩?原因何在?

d.与竞争对手相比,你的公司具有哪些优势?你可以利用竞争对手的哪些弱点?

e.如果竞争对手退出市场,你怎么抓住机会?

f.如果新的竞争者进入市场,你会如何应对新的挑战?

以下是一些收集竞争对手信息的方法。

a.实地考察:拨打他们的咨询电话,索取产品资料,或者是分析他们的网站和宣传物料。

b. 互联网调查：通过互联网，通过搜索引擎、行业论坛或自媒体公众号收集信息。

c. 会议调查：跟随他们参加各种展会、发布会、招商会等。

大多数投资者会密切关注商业计划书的竞争分析。有经验的投资人都知道，任何生意都面临激烈的竞争。

所以，充分展示出自己对竞争对手的了解、对竞争中优势和劣势的分析、对未来竞争格局变化的心理准备，是至关重要的。你的商业计划书的首要目的，就是向投资人说明你的项目是可行的。

（八）设定企业的盈利模式

盈利模式包括企业的收入结构、成本结构以及目标利润。

项目收入来源是投资人要看到的关键内容，所以，理清楚项目的收入来源非常重要。收入结构指的是商品收入、劳务收入、利息收入、租金收入等的结构。

成本结构包括产品生产、营销推广等中间过程中的各项费用。在互联网时代，单体产品研发成本很高，但是摊分到数量庞大的用户群体中去，单体成本就很低了。在成本上面有优势也是投资人乐意看到的。

目标利润指的是企业在一定时间内需要争取达到的利润目标，同时，它也能反映出企业在这个时间段里财务和营运状态的好坏。

那么，一个企业该如何设定成功的盈利模式呢？

以下是几点参考。

（1）市场基数率

企业必须把市场基数扩张，作为企业能否实现销量目标、能否实现企业盈利的基础性核心指标，企业销量的增长点必须从纵向深度扩展转为横向延伸扩张。

（2）盈亏平衡点销量

在行业平均利润率固定的前提下，企业在经营过程中要实现盈利，首先必须把握好盈亏平衡点，即控制好实现盈亏平衡的保本销售收入，它是企业实现盈利的基础。

企业要确保每月销售量不得低于盈亏平衡点销量，从而严格控制费用的增长比例，使其低于收入的增长，并且不断扩大销售规模。唯有这样做，才能使企业获得更大的盈利。

（3）产品综合毛利率

企业要想获得利润，就要提高或达到一个最低的产品综合毛利率水平，这是实现盈利的前提。提高产品综合毛利率有三个办法。

a. 设法采用同价值但价格低的新原料或进行比价采购降低原料成本。

b. 不断研发具有高毛利的新产品来取代老产品。

c. 改进营销措施，强力推广高毛利产品，提高相对较高毛利率产品的销售比率。

（4）产品结构率

可以采用通过对经销商的返利、促销政策及激励营销人员等措施，使产品结构向高毛利率的产品倾斜，从而达到调整产品结构，提高产品综合毛利率的目标。

（5）战略区域市场销售率

快消品在企业销售费用中占较大的比重，因为企业需要支出较多的促销费用和运输费用。因此企业要根据营销战略规划，根据各区域市场对企业营业贡献额度进行分类。

（6）营业费用率

在销售过程中，营业费用率是企业实现盈利的保障。中小企业要加强促销费用的管理，必须建立严格的控制指标，把计划投放到营销上的人力费、促销费、运输费、推广费等分解到每个销售区域。

再把销售区域分解到每个市场，甚至每个业务员，做到每季、每月、每旬、每日的跟踪考核，这样才能保持企业正常的盈利水平。

（7）人均销量投入产出率

企业要结合自身的发展状况，用经营的思想合理进行人力资源配置。如果不合理，企业就需要制订改善措施和方案，提高人均销量产出比率，从而为企业实现盈利提供保障。

（8）生产运营效率

企业要想提高生产运营效率，就需要最大化实现产品零库存、质量零缺陷；就需要对供应链进行整合，建立对信息流、物流、资金流的有效控制；就需要建立从采购原材料开始，到产成品和半成品，然后通过物流配送把产品输送到终端消费者的运营模式。

供应链整合首先要加强采购管理，提高采购人员的业务素质，与供应商建立战略合作伙伴关系，提高采购的批量和采购的准时性。其次，在产品的生产制造环节实施大规模、大批量生产，减少生产的作业交换时间，提高员工的操作技能，形成规模化、流程化的生产管理。最后，还要重点对公司物流配送体系实行改革，提高配送的准时性和高效性，加快物流的速度和存货的周转率。

通过对供应链整合，最大化的降低企业的生产运营成本，提高资产的利用率和周转速度，从而使企业高效运转，为实现盈利提供保证。

总而言之，在商业计划书中的商业模式中，创业者要充分要说明企业近期和长期的盈利模式、核心的业务流程以及所拥有的核心资源。

一切商业模式的本质都是"利润＝收入－成本"，所以，商业模式要考虑的问题是，项目的收入结构及成本结构在时间序列上，是如何展开和延伸的。

同一个项目，其成本结构和收入结构放在时间序列上来看，就构成了其长期营利性表现。只是不同的产品属性组合决定了不同的成本结构，同时也决定了后续盈利模式的选择空间。

商业模式部分需要展示企业未来如何盈利，以及为什么现在的产品形态及发展趋势能够支撑未来的盈利模式。

（九）展示企业的管理团队

在商业计划书中如何更好地展示你的管理团队？

管理层的展示主要是对本企业董事会成员及业务经营关键人物的介绍。风险投资人寻找的是关键人物，所以，如果是大企业，最多不要超过6位。如果是小企业，正常情况下介绍3个左右的核心人物即可。

对管理层关键人物的介绍要适当，既不要过于谦虚，也不要太夸张，对其以往业绩做真实的描述即可。

对管理层的描述通常有以下几个方面。

（1）董事与经理

列出相关人员的名单和他们的相关信息。

（2）核心员工

挑出几名核心员工，并用"简历"的形式对其做出简要介绍。这些介绍最终都要指向"他们是优秀员工"这一点。

（3）管理层的忠诚度

可以采取"肯定声明"的形式，比如"管理层成员、董事会成员或本公司主要的投资者都未曾受到犯罪指控。上述人员个人及其所从事过的业务，无破产情况，其个人资信报告也能证明每位成员都有着良好的信用评级，也不曾有过拖欠债务的记录"等。

（4）薪酬

以表格形式列出关键雇员、董事和主要经理人员在本企业得到的任何薪酬，包括董事会费、咨询费、佣金、红利和薪金等。

（5）股票期权

以表格形式列出所有目前尚未兑付的股票期权。对每一位享有股票期权的企业成员，均应列出其全部的期权数量、平均执行价格、已经兑付的期权数量和尚未兑付的期权数量。对那些到目前尚未兑付的期权，还应说明理由。

（6）主要股东

列出股东名称、直接或间接持股数量、持有的股票期权数量、所占股权比重、期权全部兑付后所占的股权比重以及期权执行价格等等。

（7）劳动合同

详细列出本企业与每一位雇员所签署的劳动合同。

（8）咨询顾问、会计师、律师、金融专家及其他人士

列出本企业的咨询顾问名单、为本企业提供服务的会计师、律师、金融专家及其他相关人士的姓名、地址、联系电话及付费情况。

商业计划书可以通过回答以下典型问题写好管理团队的介绍。

a. 管理团队和关键性人物的职业道路是什么？

b. 他们具有什么样的管理技巧？

c. 他们具备哪些专业经验？

d. 团队结构如何？

e. 谁将出任小组或个人的上级？

f. 在一些特殊的情况下（如团队人员有变动），如何加强管理团队？

g. 奖惩制度是怎样的？

h. 哪个目标顾客群已经和你的团队建立了长期的关系？

管理团队部分一般是风险投资家在阅览完概要部分后，首先要关注的，他们想从一开始就知道你的管理团队能否管理好企业的日

常运作。

在讨论管理技巧的时候，一定要突出那些对未来的事业发展具有特别意义的东西。经验和过去的成功比学位更有说服力。

（十）告知投资人执行计划

执行计划就是告诉投资人未来几年大概想怎么发展，通过什么发展策略来实现目标。这个目标需要具体可分解，不单是跟投资人谈，更是作为自身未来三到五年的发展目标，尽可能具体、可量化。

定完目标需要思考：针对这个目标，企业需要有什么样的好方法和好逻辑？哪些员工可以做这些事？如何分工，哪些岗位需要补充？阶段性有什么样的里程碑？有哪些关键数据？在哪些时间节点上完成哪些事？投资人会通过这些来判断团队是否具备比较好的规划和执行能力。

执行计划能直接对应到财务预测和融资需求，可以作为基础产出融资计划。企业会有一些基础性的假设：实现要达到的关键业务数据需要花多少钱？能获得多少利润？有多少资金缺口？

想要让战略获得成功，落地实施是关键。然而，大多数人对"制订计划"知之甚多，对"执行计划"却知之甚少。事实上，制订计划与实施计划是相互依赖的，执行计划比制订计划花费时间更长，涉及的人更多。不少企业的战略在执行中往往会出现夭折的情况，为什么？

a. 新的战略公布时，总有人拒绝变革，害怕变革，他们百般阻挠，对此企业领导人束手无策。

b. 实施的战略与内部权力结构背道而驰。

c. 缺乏畅通的沟通渠道，员工对公司实施什么样的战略全无所知，只是机械地劳作。

d. 公司有战略，却没有将战略分解到具体的部门与个人，即使做了分解步骤，也不够明确，缺乏一对一的责任。

e. 战略本身缺陷太多或步骤过于模糊。

f. 主要的员工缺乏对实施战略的参与感。

g. 没有指南或模式指导战略实施的工作。

h. 缺乏对实施战略相匹配的组织结。

i. 员工思想不统一，行动方案不一致，对关键的实施步骤或行动，无法达成全盘接受或一致同意。

执行是一项困难的工作，它需要清晰的逻辑和有章可循的方法。实施战略时必须将重点放在做什么、什么时候做、为什么做以及按照什么顺序去做等问题上。成败的关键要素包括对战略、组织结构、协调、信息分享、激励与控制等问题做出的决策，这些决策又必须建立在合适的权力、文化、领导和处理变革的能力上。

在撰写商业计划书的过程中，执行计划要具体细分到可执行的任务中，因此任务制订是个关键。任务包括月度任务，季度任务，还有年度任务。任务细分可以把项目工作分解成较小的部分，更加方便管理。

有了规划，还需要人去执行，因此组建一个高效的团队是必要的。团队必须有个共同目标，团队里每个人都要有潜能，能有效沟通，这样就能便于领导给每个人安排任务指标。

市场是变化的，所以企业对数据的收集、分析与总结，要贯穿到整个商业运作中，这样才能及时有效地对现有策略进行调整。

商业计划书中，企业要制订长期目标，例如首年规划，第二年、第三年战略规划。在商业计划书中，内容倾向于愿景展望，例如打造中国××平台，第一年达到××万用户，第二年达到××万用户，以此类推。

商业计划书中的执行规划不是"拍脑袋"的规划，要尽量让每个团队成员参与，获得业务相关人员的认可，同时建立可靠的计划与考核体系。

（十一）提出公司的融资方案

融资方案一般包括以下几方面内容。

a. 为保证项目实施，需要新增投资是多少？

b. 新增投资中，需投资方投入多少？对外借贷多少？

c. 公司自身投入多少？如果有对外借贷的需要，抵押或担保措施是什么？

d. 说明投入资金的用途和使用计划。

e. 你是希望让投资方参股本公司还是投资合作成立新公司？说明原因。

f. 拟向投资方出让多少权益？计算依据是什么？

g. 预计未来3年或5年平均每年净资产收益率是多少？

h. 投资方可享有哪些监督和管理权力？

i. 如果公司没有实现项目发展计划，公司与管理层向投资方承担哪些责任？

j. 投资方以何种方式收回投资？具体方式和执行时间为何？

k. 在与公司业务有关的税种和税率方面，公司享受哪些政府提供的优惠政策，及未来可能的情况（如市场准入、减免税等方面的优惠政策）

l. 需要对投资方说明的其他情况。

7. 演绎商业计划

最好的商业模式应该形成一种"电梯"式交谈。比如，你需要找一个投资人，但是通过各种渠道都找不到，有一天却在酒店或写字楼的电梯里碰到了。从上电梯到下电梯这几十秒的时间，你要如何吸引他？因此在短时间内把商业模式表述清楚至关重要，因为一下电梯他就走了。

（一）了解听众

真正的路演，想要胜出，还得靠"真功夫"。

不同身份的人关注的关键点是不同的。但通常投资人必然关注三个关键。

a. 你的公司是干什么的？

b. 你的公司如何与同类竞争者区分开来？

c. 你的公司如何盈利？

企业必须在路演前研究路演受众的性质，从而在PPT的展示中，重点围绕听者最想听到的关键进行演讲。

在路演中，怎样从听众角度演绎商业计划呢？

（1）路演者设身处地，为听众着想

上海某工厂新分来了一批失足青年，该厂厂长在接待这些失足青年时，发表了简短而感人的演讲。

我热烈欢迎你们到厂来，共同为振兴我厂而奋斗。你们用不着把过去的情况对我讲，我也不会问你们过去的事，我更不许别人来议论你们过去的事。

因为我清楚地知道：你们痛恨过去的行为，已经开始向昨天告别。

你们不希望重提旧事，更不希望让任何讽刺打击继续伤害你们的心灵。你们渴望得到组织与同志的理解、鼓励与尊重。你们愿意重新开始人生的旅程，迎接光辉灿烂的明天。我理解你们，只要你们努力工作，我待你们一律平等！

这位厂长设身处地讲出了失足青年的心里话，因此他的演讲像一颗定心丸，让失足青年拥有了开拓明天、争取新生的勇气与信心，因而也就取得比较好的演讲效果。

（2）路演者的引导，使听众身临其境

在庆祝中国人民解放军建军63周年时，上海钢铁总厂工会举办了一次演讲比赛，复员军人小胡的演讲《崇高的军人》一举夺魁。

朋友，你了解我们的战士吗？你了解当代军人的猫耳洞精神吗？当你来到黑暗、阴湿的猫耳洞里；当你喝不到水，干渴难熬时；当你想休息，却要忍受着蚊虫的叮咬，难以入睡时；当你见到战士只能啃着干粮充饥时；当你目睹战士一听到号令，奋不顾身地冲出猫耳洞时……你才会体会到我们当代军人是多么的伟大，你才会感受到我们当代军人的品质是多么的崇高。他们是我们祖国的骄傲，人民的骄傲。他们是我们最可爱的人。

这位复员军人运用了引人身临其境的演讲方法，使听众真正进入了当代军人的内心，完全打动了听众。

（3）路演者的假设，与听众形成共识

上海轻工业局举办了一次《企业有困难，我们怎么办？》的演讲比赛。有一位工人演讲非常打动人心。

企业正面临着前所未有的困难：原材料调价、资金短缺、市场疲软、效益滑坡。假如我是一个厂长，我牢记三句话：一是与其在逆境中拖垮，不如在拼搏中奋进，继续发挥企业精神，带领职工知难而上，决不向困难低头。二是不找市长找市场，我决不乞求政策、等待改革，而要果断地调整产品结构，适应市场需求，在竞争中求生存，在生存中求发展。三是人心齐，泰山移，干部与群众要同心同德、同甘共苦、同舟共济，这样没有什么困难不能克服。

这位工人的演讲之所以成功，是因为他知道听众绝大多数是工人，他们渴望听到厂长在困难时候的声音。他用一名工人的口来讲出厂长的心声，听众将心比心，消除了干部与工人原先的互怨和不满，使厂长与工人形成共识：齐心合力，共渡难关。

为了让听众更好地接受自己的演讲，我们就要研究听众的心理需求，让听众积极配合演讲活动。因此，在演讲前充分了解你的听众，了解听众的心理需求，明确听众听讲的目的，找到听众听讲的动机是十分必要的。

那么，应该从哪些方面了解听众呢？

（1）了解人口信息：年龄、性别以及相关信息

他们是10个人，100个人还是1000个人呢？听众的多少会影响演讲的许多方面。听众数量较多，路演者就不能使用某些视觉类型的教具，而需要使用麦克风；听众数量较少，就代表这场演讲不用过于正式。

听众之间是什么关系？他们来自同一个组织吗？他们有共同的兴趣吗？他们的年龄范围？受过哪种教育？演讲者要把这些信息作为构建演讲内容的基础。

演讲内容会受到听众的职业和教育背景的影响，所以路演者也需要了解知道，他们是专业的投资顾问，还是对企业财务一无所知的有钱人？

但要注意路演者要拿定主意，将重点放在确实能影响演讲的听众特征上，而不是浪费时间去做人口调查。

（2）了解听众的态度、价值观和信仰

路演者倾向于将重点放在听众的人口数据上，却往往忽略了听众的信仰、态度和价值观。原因很简单：我们很难去获取这类信息。你可以很容易地知道有多少听众，是男性还是女性，但如果想知道他们在想什么就困难了。

你真正需要了解的是什么呢？实际上，你需要勾画一个听众的心理轮廓，了解他们来自哪里。

下面是一些你需要回答的问题。

听众对演讲的主题持什么态度？听众对路演者的身份持什么态度？听众内心有隐藏的议题吗？听众认为重要的价值观是什么？听众拥有共同的价值体系吗？听众在什么公司和企业部门工作？听众里面包括企业的竞争者吗？如果能有效地回答这些问题，路演者就能更好地确定路演的主题和内容。

（3）了解听众的期望

路演容易走向两个极端，演讲内容要么令听众费解，要么太浅显。想要避免走向极端，路演者就要了解听众对自己的期望。

演讲之前，路演者必须弄清听众为什么出席演讲：他们对我的主题感兴趣吗？他们是奉命出席演讲吗？他们期望学到什么、看到什么或听到什么？他们能接受新鲜事物吗？

（二）让谁来讲

路演者最好是 CEO 或是企业创始人，而不是普通员工，因为路演者所要做的工作是"连接"。

路演者需要连接产品和品牌的关系，连接厂商和经销商、消费者之间的关系，连接受众和推荐的商业模式之间的关系。只有做好了连接，客户才有可能接受推荐，从而使这场路演得以有效地展开。

CEO给人的感觉越好，公司的估值便会越高。因为公司路演对于投资者来说是非常重要的信息来源。对于正在计划路演的公司来说，要明确一点投资者关注的不仅是路演者说了什么，还包括由谁说，以及说得有多好。

对大部分投资者而言，路演是他们首次见到该公司CEO。所以，CEO个人特质很重要。

并且，路演需要经过排练，如果你是一位正在准备路演的CEO，可以尝试接受有效的路演训练。

作为路演者的CEO，通常需要有如下素质。

（1）有号召力、凝聚力

有号召力和凝聚力的CEO能促成优秀的团队，并保持团队的稳定性，这点颇受投资人重视。

（2）敢于全部投入

CEO和团队是否敢于全身心地投入到项目中，也是投资人关心的问题。路演中常被问到团队是否全职，就是来源于此。那么该如何表达团队的投入程度呢？

有一位CEO在路演中谈到，项目发展中途，资金出现困难，因此他把房子卖了，换取资金继续项目。投资人立刻就觉得这个项目需要深入地了解一下。一个CEO敢于这样做，当然值得重视。

CEO如果在路演时能够巧妙地把这样的故事穿插在当中，相信会获得更多投资人的关注。

（3）有很强的事业心和战斗力

有个CEO做项目时，有近半年时间天天在公司打地铺，就为了把产品做出来。这种故事有助于投资人更好地评价创始人。

（4）有很强的逆商、韧劲

做项目中间会遇到很多困难，CEO和团队能否有较强的承受能力很关键。

（5）战略的眼光

有时大家将战略眼光称为有格局。一个能抽出时间思考公司大方针的 CEO，比总是沉浸于具体事务的 CEO 更受投资人青睐。

（6）学习能力

优秀的 CEO 和团队当然需要有较强的学习能力，路演时 CEO 可以说一两个关于专业学习的小故事。

CEO 在路演中的表现是最重要的，也是投资人最看重的。真正的路演没有几分钟，不需要太多解释。专业且热情的 CEO 到场，很多问题就能迎刃而解。

（三）形象表达

倘若路演者只会对着 PPT 照本宣科，那么再好的创意也会成为被口水淹没的垃圾。

实际上，许多创业团队，在路演过程中照着 PPT 念了半天，还讲不明白自己要表达什么。因此路演者要学习各种演讲技巧，最好能选择合适的表达方式，清晰完整地阐述自己的观点。

演讲的最基本套路就是：立题、破题之后再立题。

a. 提出人们所熟知的一种概念或现象，引导大家往最通俗最常规的套路上想。

b. 讲述自己的一段经历，用自己的经历去打破人们的思维常规模式。

c. 找寻自己打破常规之后所提出观点与原有观点的共通性。

若不想照本宣科，要学会运用辅助的直观教具。研究表明，人们对所听到的东西，只能记住少部分的内容。因此，直观的教具，如图表、实例、图片、录像片段等，就成为强化你演讲内容非常有效的手段。它们可以帮助听众把听到的内容综合到他们自己认识的框架之中。

若不想照本宣科，就要熟悉讲稿，对内容做到胸有成竹。当你照着准备好的讲稿去念时，你的声音听起来就很不自然，你就无法经常与听众进行目光接触。

听众喜欢路演者对着他们讲话，也就是说你应该看着他们。你还应该做到讲话充满活力，表明你确实像你说的那样在思考，而不是简单地宣读准备好的内容。

为了使你的演讲取得满意的效果，你需要预演，直到你完全熟悉了演讲的内容。

如果你在演讲中，一时忘记某个准确的措辞或恰当的用语，请不必着急，你只要与听众进行直接的接触，就能弥补这一点。

为了使你的演讲更自然，你可以通过面部表情、姿势、声调和身体动作等"非言语动作"，给听众传达许多信息。

在演讲时，努力让自己放松下来，不时来回走动，辅之以恰当的手势，可以给自己讲演的内容以及想要传递的思想注入活力和感情。要达到这种境界，你需要在朋友或家人面前（及镜子前）反复进行练习，并征求他们的看法和意见。

为了使演讲更自然，语言要清晰、尽量将语速降低到比较自然的程度。不要担心自己有家乡口音，这种口音只要不影响理解将会成为你个人风格重要的一部分。

在临近到演讲小高潮的时候，每一句话都应该有一个强调的重音，这个重音能将你的故事中最重要的细节凸现出来。越是临近高潮，语速应该相对越慢，或者每句话停顿时间越长，这样的夸张能帮助路演者将现场气氛推向真正的高潮。

要做到全方位观察听众，路演者要学会自如地动用目光接触。目光的使用要遵循以下原则。

a. 目光的传递与演讲内容保持一致。因为眼睛本身总带有一定的思想感情色彩，如果你不能有意识地使用它，或者失去自我感觉地乱用一通，势必引起听众的误解。

b. 目光的传递与场面和人数相一致。场面大人数多的时候，路演者的目光只需看几个点上的听众。场面小人数少的时候，路演者的目光最好和全场的听众都进行交流。

c. 环顾或者专注要保持风度。环顾不是让眼睛转个不停，而是有意识有节制地转。经验表明，眼睛从一个地方扫到另一个地方，又从另一个地方转回原来的地方，如此不断地循环往复，不但不能照顾全场，集中听众的注意力，而且相反，还会害得听众也跟着你乱转，从而分散了注意力，严重时甚至可能引起听众的厌倦情绪，从此不再注意你的眼睛。

d. 眼睛的活动，不但要和脸部的表情协调一致，而且还要同有声语言密切配合才能收到更大的交流效果。因为协调一致才能使听众理解路演者的情绪。

（四）实事求是

在路演过程中，路演者要以实际数据说话，真实地阐述企业的现状，包括产品和运营状况等，不要以成功学的角度去讲述。

只有真实的演讲材料才经得起检验，才具有说服力。那些为了制造某种效果和达到某种目的而刻意虚构出来的材料，不但不能使听众信服，说不定还会成为笑柄。

某个企业举办了主题为《写时代新篇，展巾帼风采》的女职工演讲赛。比赛中，一名来自机械总公司的女选手，做了题为《我们是亮丽的风景线》的演讲。

为了讴歌女职工在企业中的拼搏精神，路演者举了一个例子。

谁说女子不如男？就说我们的"车间花木兰"魏娟吧。她是安装车间历史上第一位女班长。由于机械行业的特殊性，她刚上任时，车间的男职工们非常不理解，议论纷纷："什么？一个女的领着一群男的干铁匠活，太不成体统了。"

面对重重困难，小魏丝毫没有退缩。她说："男职工能干的，我们女职工同样能干，而且还要干得更好！"小魏说到了也做到了。

为了完成生产指标，她带领班组人员加班加点，连续几个月每天工作长达16个小时。过去，钳工班总是拖车间的后腿，小魏上任后的第一个月，班里的质量、产量就跃居车间第一，并且连续3个月保持车间第一名。

这下，男职工心服口服了，一个个情不自禁地感叹："真是巾帼不让须眉啊！"

但是，有付出才有收获。有谁知道，在荣誉的背后小魏付出了多少心血？因为工作太忙，小魏常常顾不上家，顾不上孩子。每次回家总看到孩子睡着了，小脸蛋上还满是泪痕。

有一次小魏加班，正赶上他的爱人也上夜班，年仅5岁的女儿只好被单独反锁在家里。凌晨1点钟，女儿在家里打通了小魏的手机："妈妈，你快回来吧，我饿了，我害怕！"小魏的心像刀割一般，却依然坚守在自己的岗位上。

乍一听，路演者所举的事例颇有理由让我们感动，但是，仔细一想，材料却经不起推敲。

即使并非路演者刻意杜撰，胡编乱造，也难免给人不真实的感觉。

使路演令人信服，最好的方法是陈述事实，跳过细枝末节。因为投资人不会对项目技术细节或客户服务执行细节关注太多，所以项目方只需用官方数据陈述事实即可。

（五）烘托情怀

情怀是个好东西。若再放大情怀，对于路演绝对是如虎添翼。

试想，雷军、老罗、乔布斯……这些路演大咖哪一个不是情怀高手？

在 2015 年 11 月 24 日小米新品发布会上，雷军在钢琴伴奏声中发表了一篇演讲，其中有一些段落，处处可见烘托情怀的痕迹。

上周四晚上，我们再次开会讨论。那天晚上，雨雪交加，寒风刺骨。在小米楼下，我看到有四五个年轻人在用手机拍来拍去。看着他们急于要和小米 logo 合影的样子，我想他们应该不是小米的员工。

他们或者是路过，或者是远道而来，为的只是来看小米一眼，和今天远道而来的所有米粉们一样，我想他们爱小米。那一刹那，我有点小冲动，很想邀请他们到我的办公室去坐一坐，给他们倒杯热茶……

与此同时，我想，我们所做的一切，绝不是为了一句漂亮话，或者，一句口号。我们的目标，也绝不是去抢什么市场第一，而是，老老实实日复一日，做出感动人心的优质产品。要让像米粉一样年轻的，所有的年轻人，都买得起的优质产品。

我们的努力，就是如你们所愿。我期待，今天发布的红米 Note 3，就是这样的一款作品。

红米的这个品牌，来自小米青春版。我们的出发点，是在小米为"发烧而生"的基础上，面向更广大的年轻人。我们说永远相信美好的事情即将发生，我还相信美好的事情，通过我们的努力可以发生得更多一点，美好的事情让它发生在更多人的生活中。

……

在北京，小米的楼，还远远不够高。

上周四晚上，我在小米楼下看到的那几个年轻人，如果真的是从千里之外远道而来，置身真正的林立高楼间，在雨雪的夜晚，仰望国贸三期那样的高度，他们会想到什么？他们所想的，是今晚到底住在哪里？住的地方会有暖气吗？还是，明天的面试，能不能通过？在拥挤二字已经不足以形容的北京的地铁里，打开手机他们首先要找的，会是什么？

我无力想象。

我能肯定的，24年前，和他们一样年轻的我，经过13个小时的火车颠簸，一个人从武汉来到了北京。那时的北京，还没有什么高楼，但走在北京站广场，就不由得四顾茫然。

我还能记起的，四五年前，我创办小米后第一次去美国。走出旧金山机场，我想到的第一句话，是《北京人在纽约》电视剧里姜文说的：美国，我来了。

所以，在经历了两个月的寻找后，我们找到了这句话：我所有的向往。

到这里，雷军的路演结束了，但听众对于小米和雷军的期待才刚刚开始。他们因为对小米产生了期待，而且热血沸腾，这就是情怀的力量。这就是路演情怀的影响力！

在一次锤子手机的发布会上，罗永浩先是用了两个多小时介绍产品，最后说："尝试努力去把这个世界变得更好，是我们启动这个公司的初衷。通过处心积虑地改善人类的生活品质来获取利润，而不是通过处心积虑地获取利润来获取利润。"

然后，大屏幕上放出这个中年胖子在工作台前埋首钻研的照片，字幕闪出：我不是为了输赢，我就是认真。

舞台上的老罗没有说话，转过头，长舒了一口气，迎接发布会最后的掌声和喝彩。

这便是"天生骄傲"和"生命不息，折腾不止"的情怀。情怀是某种价值观，它作为一种重要的附加值，甚至超过了产品本身。

如果你看过《乔布斯传》，那你应该知道乔布斯是产品天才，乔布斯不是技术出身，不懂电路板，甚至没有写过一行代码，但是却创造出了世界上顶级的电脑和科技产品。

记得乔布斯说过:"为什么苹果始终能打造出在硬件和软件都一流的产品,那是因为他们的员工既是计算机专家、工程师同时也是文学家、艺术家和音乐家。"

在路演中,你要大打情怀牌,你要让"情怀"大放异彩。你要时刻铭记:倘若没有情怀,你的路演一点都不酷!

(六)讲透模式

现代管理者之父彼得·德鲁克曾说过,当今企业之间的竞争,已经不是产品之间的竞争,而是商业模式之间的竞争。

所谓模式,用中国人的说法就是套路、打法、阵脚。商业模式是由几个要素组成的,回答好以下三个问题,你的商业模式基本就讲清楚了。

第一要素:告诉投资人,企业独特的客户价值主张是什么?即告诉客户,你卖的到底是什么?

第二要素:要回答,凭什么是你卖而不是别人卖?为什么是你生产而不是别人生产?

别先说要做多大的生意、要上市、要成就什么规模,这些都是后话甚至是空话,真正要想的是自己的优势到底是什么。

第三个要素:你的盈利公式是什么?贸易低价买进高价卖出,中间的差价毛利就是盈利公式。银行其实就是一家贸易公司,以较低的利息买钱,然后以较高的利息卖钱,这就是银行的盈利公式。

简而言之,商业模式有五重境界。

第一重:境界最低的就是老产品、老模式,企业只能通过战略、管理、渠道建设这些去形成与竞争对手的差异化,这是最没水平的。

第二重:产品是老的,但是模式不一样,创造价值会不一样。

第三重：在这个行业引入一个新产品，用新模式做这个新产品，这是更高的境界。

第四重：先设计一个模式，然后再设计一个产品跟它去匹配。

第五重：为利益相关者（不完全是客户）设计商业模式，让自己平台的用户成为他人的客户，这是最高境界。

每一重境界的上升都需要商业模式的创新，那么商业模式创新的方法有哪些？

（1）战略定位创新

在战略定位创新中，企业可以寻找市场空隙，然后提供满足被这个市场空隙忽略的需求的产品和服务。

比如阿里巴巴，不同于以往网购行业只在优化商品方面下功夫，它创新性地将网上购物与跨平台网上支付结合起来，开创了"无现金"交易方式。正是这种别出心裁、不断创新的竞争模式，最终使阿里巴巴走向成功。

（2）改变盈利模式

改变盈利模式就是改变一个企业的利润方程或收入模型，这就需要企业从确定用户的新需求入手。

现在很多企业都倡导多元化盈利模式，简单来说就是企业的盈利途径不止一种。比如现在很多实体书店在网上书店的冲击下难以维持，于是实体书店通过租书、销售文具、提供饮料小吃等方式来改变盈利模式，从而获得更高利润。

（3）改变主营业务模式

主营业务模式的改变，可以改变一个企业在产业链的位置和充当的角色，一般通过垂直整合策略、出售及外包来实现。

以百度为例，百度在意识到大众对信息的获得已从桌面平台向移动平台转移，自身仅作为桌面平台搜索引擎会逐渐丧失竞争力。

于是公司开发了一系列百度相关产品，如百度贴吧、百度知道等，从而改变了自己在产业链中的位置及商业模式。

（4）创新供应链模式

供应链模式创新主要是对采购、生产、配送和终端销售等供应链环节的管理方式的创新思想。

以京东为例，自己大部分包揽供应链管理，不借助外部合作伙伴物流，使得用户在京东购买产品后，能迅速收到快递，从而提高了用户体验。

（5）混合商业模式的创新

混合商业模式创新是一种战略定位创新、资源能力创新和商业生态环境创新相互结合的方式。

例如，苹果公司的巨大成功，归功于其混合商业模式的创新。

首先，战略定位方面，他们看中了终端内容服务这一市场的巨大潜力。因此，它进行了从纯粹的出售电子产品，转变为以终端为基础的综合性内容服务提供商的战略调整。从其"iPod iTune"到后来的"Iphone App"都充分体现了这一战略创新思想。

再者，在资源能力创新方面，苹果突出表现在能够为客户提供充分满足其需求的产品，苹果每一次推出新产品，都超出了人们对常规产品的想象，其独特的设计以及对新技术的采用，都超出消费者的预期。

例如，消费者所熟知的重力感应系统、多点触摸技术以及视网膜屏幕的现实技术，都是率先在苹果的产品上使用的。

另一方面，苹果的成功也得益于其共赢的商业生态模式。2008年3月，苹果公司发布开发包SDK下载，以便第三方服务开发商针对Iphone开发出更多优秀的软件，为第三方开发商提供了一个又方便又高效的平台，也为自己创造了良好的商业生态环境。

成功的商业模式都是在一定条件、一定环境下取得的。

所以，企业在路演时，演绎商业模式要想逐渐上升到第五重境界，一定不能简单地拷贝或复制，而是必须采取符合自己的商业模式的创新方式。

（七）通俗语言

路演者在演绎商业计划时，语言要通俗易懂，不仅自己懂，更要让听众听懂。

演讲时多使用一些换算，可以使人更容易理解，印象更加深刻。

很多人在汇报工作、向客户介绍公司情况时，经常说得很笼统，让对方没有印象。例如："企业在2008年的营业额是15亿元，利润是5亿元"，很多人听到这样的讲解后，并不能理解这两个数字代表的意义，如果汇报者接着说"这5亿元相当于行业内两家巨头的利润总和"，这样给人的感觉就非常清晰了。

路演大咖乔布斯是换算的高手，他的演讲具有神奇的魔力。下面是他的一段讲话。

2007年，iPhone上市200天售出了400万部，意味着每天售出2万部。单从这个出货量来看，我们取得的这个成绩已经达到了19.5%的市场占有率。

世界排名第一的加拿大黑莓手机是39%左右的市场占有率，我们排名世界第二。但是从100天的出货量来看，苹果手机100天的出货量等于黑莓手机加上诺基亚再加上摩托罗拉三巨头的总和。

很多人介绍公司情况时都只停留在生冷的数据上，没有进行深入挖掘，相比之下，乔布斯的总结换算更具说服力和震撼力。

很多时候，路演不成功是因为路演者没有讲明白，没能让听众理解。例如，介绍宁夏与北京的距离，如果用"相距一千公里左右"

来描述，人们就不是很清楚，但如果说"坐飞机只需一个半小时"，人们就能感觉到距离。

接待客户时，如果说"机场、火车站距离单位几十公里"，客户不容易理解；如果说"搭乘公交需要几十分钟"，客户就会很明白。

这就是会表达与不会表达的区别。

演讲时若能借用PPT、视频等多媒体工具，更加便于听众理解，能使听众记忆更加深刻，使演讲更具说服力。

路演的语言要通俗，就是大家都能听得懂。

在大型路演中，如果创业者能在短时间内准确有效地完成一场大家都听得懂的路演，投资人就有很大概率记住你的故事和团队。

开始路演后，路演者一定要在30秒内，清楚地向投资者传达你的目的，吸引全场的注意。之后的时间，则是为对项目感兴趣的人准备的。

如果按照演讲的标准语速，演讲者一分钟大概可以说180个字，那么30秒则可以说90个字。

想要充分利用好这90个字，就需要尽可能地表达出三个方面的内容。

第一方面内容，说明公司是做什么的；第二方面内容，要阐明产品的市场有多大；第三方面内容，要说明公司的增长潜力有多大。

比如，"我们公司主要做直播平台，如今有××用户利用手机看直播，我们的直播平台刚上线时，用户和主播有××，截止到上个月，用户和主播增长了××，增长率为××……"

在接下来的时间里，路演者不需要用大量的专业术语和数据来支撑自己的说法，这样只会让人感觉到很枯燥。演讲要化繁为简，如果路演者能用生动活泼、通俗易懂、逻辑清晰的语言，让第一次接触该领域的人也明白你在讲什么，那么这场路演至少成功了一半。

在讲解过程中，路演者可以借助表格、图像等对比说明领域内的竞争态势，从多个角度阐述自己公司跟别人的差异。同时，路演者要精确定位潜在客户群，明确传达给听众项目可以解决目前存在的哪些痛点？将带来哪些价值？记住，一定要突出项目优势。

还有，路演者要表明团队目前做了哪些事情，有哪些技术能力，现在产品和运营状况怎样，遇到了哪些问题，希望获得怎样的资源支持等等。关于融资计划以及具体需要多少钱，融资到的钱会花在那些地方，这些讲解得越细越好。

最后，创业者们要学会站在客户和投资人的角度，揣摩他们的想法和对产品的反应。不要过于技术化，要站在市场和客户的体验上做演讲——这也是通俗化的最佳体现。

（八）专业呈现

专业的路演者更能吸引投资人的关注。专业的路演者会让投资者觉得：这事由他和他的团队来做可靠，我投资他，省时省力还有利可图。

一个专业的路演者，在真正见到投资人之前，会准备充分、全力以赴。

专业的路演者，会把精力和时间放在讲好自己的故事上。

有些创业者是"超级演说家"，不顾投资人的反应，只有自己说得高兴。三个小时还没谈到重点，完全变成一场海选式的个人脱口秀。

还有的创业者缺乏随机应变的能力。虽然之前将演讲稿强行背下来，但投资人临时发问的时候就不知所措，顺着一条岔路说出去，太重细节忘了主线。

为了防止路演过程中出现重大失误，创业者需要在与投资人见面之前，认真打磨融资故事。假设一切顺利的情况下，整个陈述过程的时间分配大体遵循"二四法则",即创业者自述20分钟,和投资人交流40分钟。

从叙述逻辑出发,有三条路可以走通。

a. 从市场机会描绘出发,讲用户的需求,给出解决方案、具体做法,陈述团队优势。

b. 从团队自我介绍开始,讲如何发现用户需求,进一步描述市场机会以及选择原因,最后讲解怎么做。

c. 对投资人问问题打断你思路的情况,准备一套B计划,确保被带跑之后,还能找到回家的路。

敏感问题交给专家——这样的谦虚态度,反而显得路演者更加的专业。

路演是为了融资,但把钱的事摆到明面上来讲,依旧会令人不适。遇到诸如"估值""融资数"这种敏感话题,一定要严阵以待。

首先,投资人听到过于精确的数目,会先入为主地认为完全没有回旋的余地,从而感觉到为难,就不利于项目的融资,因此告知投资人一个区间是比较明智的做法。

但是,如果这个区间明显超过项目实际所需的融资数,投资人就会对创业者的判断力产生怀疑,甚至还可能被"吓跑",也会影响到后面的融资进程。

所以,在路演时,路演者事先就应该和顾问商定好融资数。当遇到敏感的话题,而顾问又不在,需要路演者立即做出反应时,路演者也能按事前的商定回答。

(九)良好状态

路演者要始终保持良好的精神状态,这样才能更好地展示企业的风貌。

路演前，路演者保证充足的休息，才能呈现饱满的精神状态。重要路演场合，适当的化妆可以提升形象。

路演者要充满自信。投资人往往不了解技术，不太了解你的产品，他们所下的结论很大程度取决于你是否对自己的产品有自信，路演者要将信心传递给投资人。

不卑不亢是路演者最正确的姿态。对投资人的质询，如果太过"亢"，直接争执会激怒对方，掩盖或夸大项目信息，一味讨好呈现出过于"卑"的姿态，也会引发对方反感。

此外，提问投资人的环节时，如果当面问投资人的看法，一定会得到模棱两可的答案，该做的还没做完就直接向投资人要钱是幼稚的表现。

想要虏获投资人的心，与其使用强攻，不如智取。遇到观点不同的情况，不要和投资人争执，毕竟很多问题并没有标准答案，不必过于纠结对错，只需做到真诚回答、走心提问、保持平常心。

在非常不确定的情况下，路演者可以适当把投资人的问题引入到自己熟悉的领域，然后"一举歼灭"。

提问投资人环节中，路演者可以问接下来的推进方式、需要提供的材料等。询问投资人的相关项目，借此增加对投资人的了解，也是一种比较聪明的做法，但千万不要放弃提问。

台风与个性会对路演成败造成很大的影响。只有自然、真诚、接地气的台风，才能赢得听众的信任。个性和台风相当于路演者的个人魅力，是一种由内而外散发的气质，无法模仿或学习，但我们可以找到方向并强化到某种程度，使之变得更有力量，更有吸引力。

如果你希望将自己的特点发挥到极致，必须保持好状态，我们常说"打鸡血"，就是状态保持得激情满满。一个精神萎靡、说话无力、面容苍白的路演者，哪怕拥有再好的产品，也无法获取投资人的信任。

保持状态首先要保证良好的休息，吃的简单。如果是下午的路演，最好是吃个简单的午餐，再小憩片刻。

得体的衣着会使路演者增加信心，当外表显得自信时，思想也更为顺畅，表达也更容易获得成功。如果路演者不修边幅，听众首先就会觉得不被尊重，觉得路演者不重视这次活动。

再来说态度。路演者如果态度诚恳，面带微笑，会更容易赢取别人的好感。别人对你有了好感之后，你说的内容，也更能够被听进去。

与之形成鲜明对比的是，一些路演者以一种冷漠、造作的姿态走上舞台，以一种不情愿或高高在上的神态来发表演讲也会让客户觉得我们不喜欢他们。

即使路演者懂得再多技巧、套路、模板，如果没有将自己的情感融入其中，只会让听众感觉演讲很空洞。因此，路演者要将自己的情感融入演讲中，通过各种语气、语调表现出来，让听众感受到。

要做到以情动人，应该从以下几个方面进行操作。

（1）有真情、有激情

这一点比较容易做到，只要讲述的内容是自己身体力行的、深受其益的、深信不疑的，就很容易调动真情和激情。

（2）有温情

要做到有温情，就需要引起听众共鸣。路演者要想轻松做到使演讲充满温情，需要"三爱，即母爱、真爱和大爱。

原中央电视台著名主持人倪萍，经常在主持节目的时候让观众潸然泪下。经过观察会发现，她的主持演讲，十次中有七八次是从母爱入手的。不管一个人钱有多少、官有多大、离家多远，都有一个共同点——会为母爱动容。

真善美的东西很容易打动人。一个人即使没有路演技巧，只讲自己的真情、自己的生活，同样可以打动人。很多路演者在路演的时候没有激情，就是因为他们讲的不是真东西，自己都不确定，更无法感染听众。

很多企业家经常讲一些大的方向，这些话表面上好像是套话，实际上它们具有积极的意义，表达的是一种大爱。例如，马丁·路德·金在《我有一个梦想》中说"这个梦够大的时候就可以把所有人都唤起来，这个梦不是一个狭小的梦，它是全人类的梦"，这就唤起了很多人的共鸣，可以调动很多人的情绪。

这样的例子还有很多，如蒙牛的口号"每天一斤奶,强壮中国人"，它没有要求人们购买蒙牛产品，但越是这样，人们越是认同它。

"为了子孙后代的蓝天白云，你可以不用皇明，但你一定要用太阳能！"这句话是皇明太阳能的宣传语，这个口号一出，很多老人纷纷前去购买。一个原因是为了子孙后代，另一个原因是他们认为能打出这个口号的公司产品不会太差。

第 5 章

众筹路演为企业聚合资源

众筹是当下一种募集资源的新方式，它拉近了品牌、产品和用户之间的距离。组合方式有众筹+娱乐、众筹+公益、众筹+培训等。

对企业来说，众筹筹的是"势能"，筹的是"品牌或企业的利益相关群体"。对品牌或者企业来说，"势能"是成功的可能，是信心的基础。

1. 众筹路演究竟演什么

众筹路演可以理解为企业创始人在演讲台上，向投资方介绍自己的产品和计划等。据调查，中国有近百个众筹网站，每一个众筹网站中都有很多众筹项目。

通常情况下，投资者每天都会看很多个众筹项目，所以，如果你的众筹项目不是特别吸人眼球或创意独特，那你的项目很可能就会与投资者失之交臂。这时候，你就需要通过众筹路演说服投资者。众筹路演的特性就是为并不完美的项目争取机会。

另外，对众筹路演来说，一个安静的环境很重要。因为只有在安静的环境下，投资者才能专心倾听企业创始人对项目的阐述，甚至可以有一个思考和交流的过程。从而保证投资人能够真正读懂企业的项目，能够对这个众筹项目值不值得投资、能给自己带来多少利益做出更准确的判断。

无论在什么样的情况下，都要认真对待众筹路演，因为众筹路演对吸引投资者来说特别重要。

在众筹路演时，讲解的内容主要包括以下几方面内容。

a. 管理团队与股权结构。除了姓名、性别、籍贯、年龄、学历等基本信息，还要重点介绍主要经历和经营业绩、行业从业年限、毕业院校等。

b. 公司主要业务。包括公司名称、成立时间、注册地区、注册资本、主要股东、股份比例、主营业务、经营现状以及发展前景等。

c. 财务的现状与预测。介绍公司如今的收入、毛利、净利以及增长率，并预测未来的收入、利润和回报率等。

d. 商业模式与竞争力。包括经营模式、盈利模式、商业模式的创新点和行业壁垒等。

e. 预测经营风险与提出对策。对会出现的经营风险，需要提前准备好解决对策。

f. 预测行业与市场。包括市场规模及增长趋势、行业竞争对手、行业现状和发展前景、公司的行业地位以及竞争优势等。

在众筹行业内，项目路演是一种很好的推广方式，因为项目路演不仅能筹到资金，还能筹到资源和人才。

众筹项目路演的成败取决于以下几点。

a. 是否有创意。如果将一个毫无创意的项目拿去推广，就算讲得再天花乱坠都是空谈。

b. 与投资人的互动是否成功。很多举行项目路演的融资方，为了让投资人更加了解自己的项目，把大量的时间花在讲解项目上，而忽略了与投资人的互动，导致整场路演乏味枯燥。

c. 邀请权威人士或意见领袖助阵，这样路演会更有说服力。

d. 主持人是否专业。路演需要一个专业的主持人，而且主持人要对项目路演的整个流程都十分熟悉、要有很专业的表达能力。

e. 为了拉近项目发起人与投资者的距离，要让投资者更好地了解众筹项目。

另外，众筹路演现场还有以下一些注意事项。

a. 分析竞争对手的产品、经营模式以及市场的具体细节。

b. 介绍企业目前现状，用实际数据说话，实事求是。

c. 路演要对投资人想要了解的信息，进行全方位阐述。讲解过程中要注重与听众交流，带动听众的思维。语言要通俗易懂，摒弃一些不必要的专业术语，保证听众能够了解项目。

d. 态度要谦虚，多听取投资人的建议。

e. 要讲清楚众筹项目优势，不要过分强调企业的技术与产品。

2. 众筹路演的连接思维

众筹路演简单来说是一种思考方式。

如果想从现有的各个行业中脱颖而出，就需要具备众筹的连接思维。

人和商品，构成了商业世界，而货币则是把人和商品连接起来的媒介。在这三者关系当中，资源与需求对人与商品的关系，起促进作用。当我们想加速发展人和商品的关系时，就要依赖众筹思维。

其中，连接思维又是众筹思维中的核心思维。如果能在众筹路演中灵活运用这种思维，那么做起路演来，就会事半功倍，大大地增加路演成功的概率。

要想理解什么是众筹路演中的连接思维，就要对人与商业、社会与企业等之间的关系，有个大概的认知。

无数的角色构成了这个世界，角色与角色之间都有错综复杂的关系。一个完整的生态圈是由一条条生态链组合而成，每一条生态链中又包含着一个个的点。

这些点就是一个个的角色（如消费者、企业经营者等），这些不同角色之间产生的关系，构建成了不同的零售生态圈模型。一个大的零售生态圈是由人与商品的成长与流通组成的，这也是商业的本质。

每个企业都有自己的生态链，每个人在生态链中，都有着自己的位置。成功的商业模式往往就是因为受到启发，在生态链中找准了自己的位置。

社会的发展是由不断流转的商品供应链带动的，商品满足了人们衣食住行各方面的需求，而这些商品是由不同的单位或个人创造出来的。

人在消费的同时，也在创造，这也正是人在社会中存在的意义。我们也可以理解为，是商品把人和社会连接起来了。人的劳动创造了商品，在这个过程中获得了报酬，换取了货币，以此去交换满足自己衣食住行的各种商品。

人在挣钱，也在花钱，因此形成了世界的良性循环，构成了生生不息的人类社会。

人永远也无法摆脱消费者的身份，因为人需要不断满足衣食住行各种需求。不同单位创造的不同商品就是为了满足人的衣食住行而存在的，各种商品最终都会通过不同渠道回到消费者手中。

在发生消费之前，人和商品还不存在直接的联系。不过，在商品被创造出来之前，我们已经通过资金或意见的方式参与消费本身了，因为商品生产者的目的不仅仅是生产，更重要的是让商品最终能被消费。

当我们带着消费者的身份，在线上或线下购买商品时，这种联系就出现了。

众筹就是连接生产与消费的桥梁。

当下社会的生产起点和消费终点还是脱节的，是虚线形态。个人或是单位将商品生产出来后，要经过许多环节才能到达消费终点，由于这些环节过于烦琐复杂，很多商品在中途就"消失"了，并没有真正到达消费者手中。

而众筹的出现，能够把这条线变成一个圆，构成消费链条的闭环，再由一个个的消费链条的闭环构成一个生态圈。

众筹路演能够把各种有价值的人事和制度组合起来，这也正是众筹的价值。

首先是一个人去聚集自己的圈子，接着各类好友找一个场所，进行众筹，发展事业。在这个场合下开展的每一项活动都要求每个人各尽职责，有一种相互较量的感觉，由此，众筹开始红火。

众筹路演很有趣的一个创新就是巧妙地利用了人性。中国式众筹路演充分地认识到了趋利避害是人性的特点，路演者在演讲时，总是试图让人们相信：这不仅是有利于我的，更是有利于你的。

这种利他心理把人性中善的一面激发了出来，因为对方要获取收益的前提是支持你、帮助你。这就是众筹路演的魅力。

3. 众筹路演的作用与特点

众筹路演为什么会受到众多企业家的青睐？因为它具有四大作用与五大特点。

（一）众筹路演的作用
（1）众筹过程中会产生广告价值

如今，众筹是一个很热门的概念。许多电影导演、作家、歌手，为了帮自己的作品做宣传，更好地吸引粉丝、媒体，会在互联网上举行众筹路演。

比如乐视网曾经发起过一个"我签C罗你做主"的众筹。众筹的金额是每人1元，如果达到1万人，乐视网就会签约C罗。

同时，支持者也会成为乐视网的免费会员，享受乐视网的 VIP 权益。显然，乐视网绝不是因为缺这 1 万元钱才发起众筹，他们的主要目的还是通过众筹吸引大众的关注，宣传自己公司"签 C 罗"这一项决策。

本次活动把 C 罗大量的支持者转化为乐视网的会员，当这些支持者使用了乐视网后，如果用户体验良好，就会发展成为乐视网的用户。如此一来，乐视网相当于用较少投入，达到了增加客户数量和提高客户黏性两种目的。

传统媒体的标准化宣传，很难精准地传达给潜在客户，而众筹是自媒体时代绝佳的宣传模式。如果众筹成功，支持者将获益，因而支持者会努力促使众筹成功。

通过众筹的广告效应，发起人也可在众筹过程中结识一批志同道合的朋友，共同完成更大的事业。因而，众筹的广告效应帮助很多人实现了筹资源、筹人脉、筹思想的目标。

（2）众筹能迅速帮助企业增加流动资金

众筹成功往往意味着企业在没有开始生产时便获得了一笔资金，而且这笔资金是不需要偿还利息的。这笔资金将在产品生产出来后，以产品的形式偿还到支持者手中；或者在企业有盈利后以红利的形式偿还给小股东。这对改善企业的财务状况、增加企业流动资金，无疑有重大的好处。

（3）众筹具有市场调查作用

众筹可以简单明确地把消费者分成喜欢产品的人和不喜欢产品的人。尽管众筹有一定的风险，但是喜欢产品的人会"无视风险"而选择支持，这个群体往往是产品、品牌、个人的忠实支持者，如发烧友、追星族等等。

众筹是了解产品的利基人群有多少重要渠道。对股权众筹来说，众筹过程实际上是众筹平台上的投资人对企业创意进行投票的过程，票数的多少决定了众筹可否成功。

俗话说"三个臭皮匠顶一个诸葛亮"，大众的信息量比一两个人的多得多。因此，大众对企业的认知往往比企业内部一两个人的认知准确得多。

股权众筹实际上就是采集多数人意见的过程，所以如果众筹成功，那么发起者就更有理由把他的想法付诸行动，因为很多人已经预测企业大有可为。

(4) 众筹能点燃参与者的热情

为了众筹，大家会突然找回那种久违的理想光芒。

虽然大家对这个新兴事物不太了解（摸索不到它的边界、计算不出它的投资回报率、看不清它的未来在哪里），但大家朦胧地意识到，这是一个值得自己花时间去学习和实践的事业。

因为大家想着，或许通过对某个新项目的众筹，自己能闯出一片天，所以，激情就自然而然被点燃了。

(二) 众筹路演的特点

(1) 产品众筹是一种预售模式

我们可以把支持者的资金，看成是一种预付款，产品在众筹成功一段时间后，才发给支持者。同时，预售能实际反映人们对市场的需求，降低产品生产数量的不确定性，使企业能够合理调配生产资料，同时有效降低库存。

预售对农产品的帮助最大，因为农业有特定的生产周期，在最初种植时，是无法了解收获时的市场需求的。而且农产品的库存成本比较高，多余的产出会带来大量的浪费。

(2) 众筹源自个性的表达

60后、70后，甚至包括80后，只要稍微发表一些跟主流价值相违背的观点，大家就会觉得你是"异己分子"，从而排斥你。互联网时代的到来，彻底改变了这种现象。在互联网这个无限大的空间里，没有所谓的非主流。任何一个观点，都能找到认同者；任何一个爱好，都能找到属于自己的群体。我们在自己的群体里，形成新的"价值主流群体"。

众筹项目，其实就是聚集某个价值观、某种兴趣相近的群体。

（3）去平台化成为众筹的特点

互联网给我们提供了一个没有边界、人人平等、选择自由、随意表达的空间，使我们不再对社交、人性产生太大的恐惧。

在这个开放的空间中，无数贵重的价值观在大数据背后，慢慢凝聚、形成，并最终变得坚不可摧。这种现象，就是我们所说的去平台化。

去平台化使众筹不受平台、空间限制，每一个人都能参与到众筹活动中。

（4）众筹具有人人平等的内涵

在众筹的群体里，没有大哥，也没有领导，只有平等的参与者，以及各自不同的分工。在参与众筹时，每一位参与者几乎都很自觉地抹去了自己在各自领域的尊崇感，这种平等精神弥足珍贵，也是决定众筹组织或项目成败的关键。

（5）众筹是一种自由的选择

支持者可以自由地选择合作对象以及合作项目。甚至在一些众筹中，支持者还能不受约束地选择进入或是退出。

众筹跟商业合作的不同之处在于，发起方不能强制支持者投入多少众筹资金。支持者可选择贡献一小部分资金，也可以选择贡献全部资金……在众筹中，一切选择都是自由，支持者不受任何拘束。

第6章

人才路演为公司凝集力量

很多时候,对企业来说,人才比资金更重要。因为人才能够为企业创造源源不断的价值。

怎样才能把人才变成员工,又让员工变成企业的核心动力呢?

1. 公司发展规划

虽然人才路演能为公司创造一定的价值，但是因为人才路演是一种投入较大的招聘方式，所以不是所有公司都适合做人才路演。

是否需要人才路演，与公司发展规划息息相关。公司初期一般不需要人才路演，但是在公司发展规划进程中，可能会出现一些大项目、大工程，需要大量的人才。因此，我们需要根据公司发展规划，判断公司什么时候需要人才路演。

可是有些企业家往往会认为，公司在起步阶段不需要制订发展规划，这种认知是错误的。

一名企业家执行一个战略，如果没有清晰的规划方案，将很有可能遭遇意想不到的挫折。市场竞争是残酷的，陷阱无数，企业领导人应该要有长远的企业战略规划。只有找准方向，企业才能实现快速发展。

不管是时间跨度较大的发展规划，还是只有一年的企业短期战略规划，都能为企业实现高速度的跨越式发展。

不过，在实施过程中，要注意把握好挑战性与可行性的有机结合。

金融政策、市场需求、业内竞争态势、国家宏观调控政策、企业自身实力或企业决策方略，都是直接影响规划目标能否实现的重要因素。

以蒙牛集团的发展为例。

蒙牛集团成立于1999年，当年销售额很低。如果以此为基础规划未来，那么可能就没有如今的规模了。

蒙牛认为，要想在2005年达到整合行业的资格，2005年的销售额必须达到中国乳制品产值的六分之一。这是行业整合的资格线，也是蒙牛为自己在行业寻找的位置。

但那时，蒙牛的产值距离这个目标差了多个数量级，想要实现这个目标，是非常艰难的。

按照普通企业的中长期发展规划思维，以蒙牛当时的产值，哪怕按照每年100%的增长速度，未来行业格局中也难以有它的位置。

蒙牛的思路是：先把行业的位置确定下来，再根据未来规划现在。既然现在只有较小的销售额，那么，只有1000%的增长速度，才能在行业未来格局中拥有自己的位置。那么，这个速度就是企业的发展速度。

行业属性决定了行业演变规律和行业格局，国家发展程度和领先企业决定了行业演进速度。普通企业决定不了未来，但企业可以努力让自己在未来行业格局中占据一席之地。

所以，普通企业必须根据未来规划现在，除此之外，别无选择。你必须同时弄明白两件事：一是行业未来格局，二是你能在行业未来格局中占据什么样的位置。

企业的中长期发展规划，必须要尽力缩小自己与领先企业之间的差距。

领先企业以10%的速度，就能保证自己在行业格局中的位置。中等规模的企业则需要以100%的增长速度，才能够确保自己在未来有一席之地。正处于创业初期的小企业，只有用1000%的速度，才能确保自己达到未来行业格局的最低门槛。

或许企业管理者无法决定选择什么样的中长期发展规划，但可以决定自己对行业未来的认识程度。

如今，社会经济现代化进程加快，宏观经济急剧变化。所以，从客观上来说，企业要充分考虑复杂多变的宏观经济因素，制订出相应的适合企业发展的长远战略规划。

与年度规划不同，在做企业发展战略规划时，未知因素是更应该考虑的部分。

一般情况下，战略规划可以分为以下三种类型。

（1）渐进式规划

渐进式规划，就是指企业在发展过程中，不断根据实际情况调整规划，以适应企业前进的步伐。渐进式规划，主要特点是可随时更改。

（2）选择式规划

选择式规划就是指企业对今后的三到五年的发展方向，选择性地制订主要计划。通常用于以下三种情况。

a. 企业如果有重要的短期行动，那么就可以通过选择式规划，先确定行动的主要内容。比如各种行动中不可缺少的第一步、行动中提前期较长的项目等。

b. 企业可以通过选择式规划确定企业未来更需要哪些资源，然后把这些资源储备起来，以便维持未来的资源分配。

c. 企业如果制订了全面的战略计划，可以通过选择式规划确定战略计划中的主要行动步骤。

（3）全面式规划

在战略期内，对企业进行全方面的规划。全面式规划主要包括以下内容。

a. 尽可能掌握完成每一步骤所需要的时间，尽可能估计可能发生的变化。

b. 明确企业目标，壮大目标信心。

c. 明确未来不确定因素，确保风险可控。

d. 对资金、人才、原材料等进行确认，确保需要时能够获得。

战略规划主要有以下几个特征。

a. **战略性**，能够详细说明企业采取的政策策略。

b. 期限性，一般在三到五年之间。

c. 可变性，在长期性预测的基础上，制订出发展战略规划。不仅要有一套可供执行的长期计划，还要有一套应付意外变化的规划。

d. 经济性，经济分析可以运用投资收益率和现金流量等长期指标进行。

以下是制订战略规划的一般步骤。

a. 确定初步目标、决策和任务，即确定企业在一定时期内的任务和目标。

b. 分析资源情况，即对资源情况进行一次真实的评估，这时候不仅要注重人力、生产和财务方面，更要注重人才和技术。

c. 预测企业的发展前景，即把自己的产品和同行业的产品进行比较，分析产品的优劣。

d. 进行多方位调查，即不仅对消费者和消费市场进行调查，还要分析企业的供应者、批发者、零售者、消费者在销售渠道中的分布情况，努力寻求他们的合作与帮助。

e. 确定企业发展战略规划，包括形势分析、活动日程安排、财政预算、具体目标等。

战略规划的编制至少要包括以下五个方面的内容。

a. 需要的战略和策略。

b. 企业的目标和目的。

c. 财务总结。

d. 适当的行动计划，详细的时间表。

e. 根据企业的强弱，确认各方面的处理方式。

2. 人才晋升规划

人才是社会经济发展的支撑和保障，能够起到先驱或者领导的作用，在知识经济时代该作用更加明显。一个人才催生一个行业的现象，数不胜数。

想要通过人才路演为企业创造价值，企业首先要具备吸引人才的"硬件"，也就是一个好的人才晋升规划。

接下来，我们将从以下几个方面展开探讨，好的人才晋升计划应该包含的元素。

（一）建设优秀企业文化

企业赋予全体员工的共有价值观、思维方式、经营理念和行为规范等构成了企业文化。企业文化是企业的核心和灵魂，是壮大企业的动力和源泉，有助于企业长久的发展。

独特而优秀的企业文化，应该要有明确的目标，比如重视品牌形象、职工素质、经营理念、企业精神的建设等。

在企业文化的建设里，企业理念体系的内容是主导；工作及业务是载体；企管部是依托；目标责任体系是保证；人力资源管理、技术质量管理、营销和形象创新是主渠道。

由此，建设企业文化可以分步骤、有计划地推进实施。

（1）营造气氛

宣传企业文化和价值，布置办公环境，制作文化墙等。

（2）培训教育

在培训人才时讨论企业文化核心，争取让每一位员工都能感受、理解自己企业的文化。

（3）会议宣传

在各种会议上进一步对企业文化宣传。

（4）树立典范

对各种典型的人和事加以褒奖，为员工确立立体化的标准。

（5）活动倡议

在各种活动上（如年会、聚餐）对企业文化加以宣传。

（6）总结复盘

不时让员工参照企业文化的内容思考自身行为和进行自我批评，争取让每一位员工变得越来越好。

（二）人才晋升战略实施

一般企业会把人才晋升，规划分为三个阶段。

第一阶段：建立统一集中的人力资源管理信息平台、完整的人力资源管理体系，实现快速、准确的人力资源数据统计，期限为一年。

第二阶段：提升总体人力资源管理水平，实现统一规范的人力资源管理流程，形成人力资源无纸化管理，期限为三年。

第三阶段：建立能力模型和职业生涯规划体系，并进行推广。在为企业长远发展奠定坚实基础的前提下，大力培养员工的素质和技能，期限为五年。

人才晋升规划主要分为以下实施步骤。

a. 加强完善各项规章制度。

b. 拟定人员需求计划和人力资源管理规划，实行招聘。

c. 以预算为基础，拟定人力成本管控方案和薪酬分配制度。

d. 加强完善绩效考核和培训体系。

e. 以公司经营目标为依据，加强完善公司的组织架构，确认和辨别各个职能部门的职能。

公司人力资源的有效提升和合理配置的实现，要以公司的发展战略要求为依据，实施步骤包括招聘管理、培训管理、绩效管理、薪酬福利管理及日常人事管理等。

（1）招聘管理

由于公司正处于发展阶段，因此，要把满足需求、储备人才、建设团队作为近几年内的目标。

实施人才招聘主要有以下几种方式。

a. 网络招聘：与国内一些知名的招聘网站协作，同时至少签约一家专业渠道和传统渠道。

b. 现场招聘：联系人才市场，参加专场招聘会、大型招聘会、金领招聘会等，同时对公司品牌进行宣传。一些技术类岗位如培训师、督导等，可以到知名专业培训类学校实行现场招聘。

c. 猎头招聘：主要适用于高层管理岗位。

d. 推荐招聘：主要是熟人推荐，适用于难点岗位或特殊岗位。

e. 内部招聘：根据绩效考核等情况，任用或提拔内部员工。

（2）培训管理

培训目的和方向主要包括进行职业指导、建设企业文化、培养合作能力、学习沟通技巧、提升新技术能力几个方面。

培训管理主要分为以下几个实施步骤。

a. 根据需要制订《培训需求表》和《培训需求计划表》，落实预算，经总经理审批后执行。

b. 分层培训，普通员工主要培养执行能力，中层员工主要培养领导、沟通能力，高层员工主要培养统筹管理能力。

c. 内外结合，邀请专业人士到企业讲课，或者根据需要让员工进行外部学习。

d. 培养内部讲师，进行内部管理和工作技能培训。

e. 购买培训资料。

f. 让员工通过阅读、复盘等进行自我培训。

g. 对新员工要加大培训力度，除了一些必要的规章制度、岗前培训外，还需要利用企业文化对其进行熏陶。

h. 对培训过程和结果进行记录和存档，作为员工绩效考核、升迁和调薪、解聘的依据之一，把培训成绩、落实的效果和绩效考核相连接。

i. 如果有员工在培训过程中表现突出、成绩优异，可酌情考虑嘉奖或晋升。

（3）薪酬福利管理

狭义的薪酬包括货币和可以转化为货币的报酬。广义的薪酬还包括组织对员工的各种非货币形式的满足。

薪酬福利管理主要有三个目的。

a. 协调员工个人发展目标和组织目标。

b. 招揽高素质人才，建设稳定的员工队伍。

c. 激励员工工作热情。

在设计薪酬时，要考虑合法、激励、经济、对内公平、对外竞争五个原则。衡量薪酬设计的效果，主要看薪酬制度是否能对员工起到良好的激励效果。

完善的薪酬体系，不仅能保证公司的正常运营，而且能加大对公司整体业绩的推动。随着层级增多，为了能够实现业绩导向的最大化，可以让同一阶层的业绩优秀者，不再受单一的层级限制。

以销售人员为例，首先，在不同阶段可以设定不同的奖励机制；其次，加强制度建设，从而形成优胜劣汰的机制；最后，要重点突出贡献值，加大业绩导向作用。

以下是详细的实施步骤。

a. 通过明确职责和岗位评价，判定岗位整体情况，明确岗位职责，确保薪酬公平。

b. 确保薪酬战略稳定，突出业绩导向。

c. 确定薪酬结构，把组织架构设置和各职位工作分析结合起来，对薪资等级进行新的规划。把原先单一的薪资结构改变成多元化薪资结构，可包括基本薪资、绩效薪资、职务津贴、工龄津贴、技术津贴、管理津贴、特殊岗位津贴及年终奖金等。

（4）绩效考核管理

绩效考核工作，不是为了处罚不尽职责或未完成工作指标的员工，更重要的是为了有效地激励员工。

绩效考核制度能培养员工工作的责任心和计划性，并建立相对公平的竞争机制，帮助员工发现工作中的问题，从而帮助员工调整改善工作方法，不断提高组织工作效率，推进工作成果达成。

绩效考核是公司对普通员工和中层管理人员的绩效要求，核心在于管理习惯的形成。管理习惯形成的关键，在于坚持和制度保障。

绩效考核体系主要完成以下任务。

a. 监控绩效过程。

b. 健全绩效指标。

d. 规范横向和纵向考核结合的考核方式并与薪酬挂钩。

e. 严格施行考核结果反馈和应用。

具体实施方案如下。

a. 制订《绩效考核管理办法》和配套文件、表格，以部门职责为依据。

b. 补充新增设岗位考核指标。

c. 把横向和纵向考核制度与薪资相衔接，逐渐把所有项目参与横向考核范畴。

d. 重点评估考核结果，跟踪考核项目、考核形式、考核结果反馈和改进情况，确保绩效考核工作能够良性运行。

绩效的目的在于改善工作、校正目标。在推进绩效考核管理的过程中，因为绩效考核工作牵涉到各部门各职员的切身利益，所以要确保绩效考核能够与薪酬体系连接，从正面引导员工以积极的心态对待绩效考核。

仅靠人力资源部门很难完成绩效评价体系的工作，所以，在操作过程中，要在部门负责人的领导下听取各部门的意见，并对工作方法及时做出调整和改进。

绩效考核工作是一个沟通的过程，更是一个不断改进的过程，所以，在操作过程中，不仅要注意纵向沟通，也要注意横向沟通。

（5）行政管理

行政管理主要有三大作用。

a. 后勤管理，包括日常办公管理、团队活动、建设管理、后勤保障性工作等。

b. 对制度进行编写和管理。

c. 负责管理公文档案与员工信息。

后勤管理是行政管理中重要部门，其核心内容主要包括拓展训练、旅游活动、企业文化研讨会、节日福利、评比活动、文体活动、年会等。

行政管理的重点是如何完成制度建设,因为制度是工作经验的总结以及工作效果达成的保证。而且,为了保证制度的前瞻性,编者和修订者需要遵循现实工作的要求。制度建设是一个持续的过程,不能一蹴而就。

通过行政管理与领导协调沟通,可以完成《员工手册》《绩效考核管理办法》等制度的修订与完善。

档案管理是行政管理的一大重要方面,其工作规划步骤主要有以下三部分内容。

a. 各部门制订自己的工作手册。

b. 制订一本一体的工作手册,内容包括跨部门流程、内部流程、公司文件等。

c. 人事行政部负责对手册修改并存档。

最后,一定要记住,绝对不能忽视员工的职业生涯规划。

a. 开通各岗位的职业发展通道,形成《职业发展规划管理制度》等文件。

b. 薪酬规划和职务规划相结合,外部规划和内部规划相结合。

c. 跟进员工,为员工的职业发展提供指导和帮助。

总之,要充分地为员工的晋升提供发展渠道。

以麦当劳的培训与晋升机制为例。

麦当劳95%的管理人员要从员工做起。每年,麦当劳的北京公司要花费一笔经费用于培训员工,包括日常培训或去美国上汉堡大学。麦当劳在中国有3个培训中心,教师都是公司有经验的营运人员。

培训的目的是让员工得到尽快发展。许多企业的人才结构像金字塔,越上去越小。而麦当劳的人才体系则像圣诞树——只要你有足够的能力,就让你升一层,成为一个分枝,再上去又成一个分枝,你永远有升迁机会，因为麦当劳是连锁经营。

麦当劳的北京公司总裁说："每个人面前有个梯子。你不要去想我会不会被别人压下来，你爬你的梯子，争取你的目标。举个例子，跑100米输赢就差零点几秒，但只差一点点待遇就不一样。我鼓励员工永远追求卓越，追求第一。"

通过这样的人才培养计划，在麦当劳取得成功的人都有一个共同特点：从零开始，脚踏实地。最艰难的是进入公司初期，在6个月中，人员流动率最高，能坚持下来的一些具责任感、有文凭、独立自主的年轻人，在25岁之前就可能得到很好的晋升机会。

麦当劳实施一种快速的晋升制度：一个刚参加工作的年轻人，可以在一年半内当上餐厅经理，可以在两年内当上监督管理员。而且，晋升对每个人是公平的，既不做特殊规定，也不设典型的职业模式。

每个人主宰自己的命运，适应快、能力强的人能迅速掌握各阶段的技能，自然能得到更快的晋升。而每一阶段都举行经常性的培训，有关人员必须获得一定的知识储备，才能顺利通过阶段性测试。

这一制度避免了滥竽充数现象。这种公平竞争和优越的机会吸引着大批有能力的年轻人来麦当劳实现自己的理想。

首先，一个有能力的年轻人要当4到6个月的实习助理。其间，他以一个普通班组成员的身份，投入到公司各基层岗位。他应学会保持清洁和最佳服务的方法，并依靠最直接的实践来积累管理经验，为日后的工作做好准备。

第二个工作岗位带有实际负责的性质：二级助理。此时，年轻人在每天规定的一段时间内负责服务与保洁的工作。与实习助理不同的是，他要承担一部分管理工作，如订货、计划、排班、统计等。他必须在一个小范围内展示自己的管理才能，并在日常实践中摸索经验，协调好工作。

在 8 到 14 个月后，有能力的年轻人将成为一级助理，即经理的左膀右臂。此时，他肩负着更多更重要的责任，他要在餐馆中独当一面的同时，使自己的管理才能日趋完善。

一名有才华的年轻人晋升为经理后，麦当劳依然为其提供广阔的发展空间。经一段时间的努力，他将晋升为监督管理员，负责三四家餐厅的工作。

3 年后，监督管理员可能升为地区顾问。届时，他将成为总公司派驻下属企业的代表，成为"麦当劳的外交官"。其主要职责是往返于总公司与各下属企业，沟通传递信息。

同时，地区顾问还肩负着诸如组织培训、提供建议之类的重要使命，成为总公司在某地区的全权代表。

当然，成绩优秀的地区顾问仍然会得到晋升。

麦当劳还有一个与众不同的特点，如果某人未预先培养自己的接班人，则在公司就无晋升机会。这就促使每个人都必须为培养自己的接班尽心尽力。

正因如此，麦当劳成为一个发现与培养人才的基地。可以说，人力资源管理的成功不仅为麦当劳带来了巨大的经济效益，更重要的是为全世界的企业创造了一种新的模式，为全社会培养了一批真正的管理者。

3. 新型招聘模式

如今，传统的招聘模式已经 OUT 了！很多企业为了吸引人才，出奇制胜，开始组织人才路演。越来越多的知名企业选择与人才展开面对面的交流。

和传统招聘模式相比，人才路演不仅为各类人才提供了一个更好的求职渠道，而且也为企业领导人创造了一个和未来员工面对面沟通的机会。

传统的现场招聘会方式，不仅浪费金钱而且浪费时间。另外，在网招中，因为大多数人几乎都采用海投方式，所以很容易产生庞杂的信息，给企业选拔人才带来一定的难度。

人才路演能有效地解决以上难题，因此，它已经成为一种时下热门的招聘方式。它为人才提供展示自我的平台，帮助求职者对接到好企业，也能够帮助企业挖掘人才、提高对接成功率。

融资是企业的关键，不过，相对来说，人才和团队更具价值。

企业在进行一场人才路演之前，首先要想明白一个问题：一场人才路演活动，怎样才称得上完美？答案是，尽可能地为顶尖人才提供好的条件。

企业的路演者在路演时要始终围绕这一个核心来展开：人才。

也就是说，作为企业的路演者，应该要对各种人才的不同需求了如指掌。在路演中，路演者要明确地向企业需要的人才传递这样一种信息：无论你有多高的目标，我都能为你提供实现的条件。

以下是人才的共同需求。

（1）劳动报酬

再优秀的人才，在工作的时候，首先考虑的肯定是劳动报酬。能够成就大事业的老板，一般都会明白这样一个道理：虽然聘请人才需要付出更高的薪酬，但实际上，在人才为公司服务的这段时间里，企业请来的人才其实是免费的。

因为好的人才一定能够创造出比他的工资多得多的价值，所以，需要花高薪聘请时请不要吝啬。

宁愿花很多钱请一个人才，也不要花很少钱请很多个庸才。这就是人才值得你花钱的原因。

（2）工作热情

热爱是创造的前提，真正的人才肯定是对工作有热情的人。

路演者要找准重点，把精力放在人才的方向兴趣和能力大小上面，认真负责地帮助员工挑选和安排工作。

（3）必要培训

一个优秀的企业，肯定会舍得花钱培训员工，帮助他们成才。员工有时会出现疲惫情绪，当工作压力达到一定程度后，创造力就会下降。出现这种状况，往往是因为员工能力不足或缺乏工作热情，所以企业需要时不时地对员工进行职业培训。

人才的最大心愿，并不仅仅是高薪，更希望获得提升能力的机会。

（4）优秀同事

一些创业公司在招聘时，喜欢强调自家公司的CEO有多大咖，或者标榜自己获得了多少顶尖VC投资。不过，真正的人才总是希望和志同道合的人朝着一个目标共同努力，一起创造更高的价值。

所以，在路演时，吸引优秀人才的另一个好方法，就是让应聘者知道他将会与一批优秀的人成为同事，而不是告诉他入职后他将会拥有一个多么优秀的领导。

（5）升迁机会

如果公司让员工觉得没希望、没前途，就很可能会让员工心生不满、辞职走人。如果公司不能为人才提供足够的上升空间，可能是因为公司整体或某些部门停滞不前。

这时候，公司一定要下决心采取行动，腾出空间，为选拔优秀员工创造条件。这样才能增强人心凝聚力，使员工对公司产生较高的忠诚度。

（6）领导赏识

员工总是渴望能得到领导的欣赏和同事的尊重，渴望自己辛苦的付出能够得到公司的认可。如果得不到，他们就会情绪低落，接着工作效率就会降低。

所以，公司应该要让员工知道，自己是公司发展进程中不可缺少的一分子。不管是多优秀的人才，都希望获得领导的赏识。

（7）明确目标

如果企业想要快速发展，就要明确经营理念和发展目标，并且要做到把企业发展目标转化为员工的使命。对一个员工来说，目标越明确，使命感就会越强，企业的向心力也就越大。

（8）提供信息

员工总是渴望不断接收与自己工作相关的信息。如果管理者和公司，能主动为员工提供这些信息，这样员工就不会浪费精力打听小道消息，从而更加专心地投入工作。

不然，员工就会对企业缺少归属感，从而导致员工敷衍对待工作，甚至"跳槽"。

（9）授予权力

企业的发展壮大，要靠全体员工的集体努力，员工是企业发展的基石。所以，管理者要信任员工、优待员工，把权力下放给员工，这样才能让员工养成独立工作的能力。

授权不仅意味着对员工提拔，领导在向员工分派工作时，也要授予他们可以管理下层的权力，不然就称不上授权。

得到授权的员工，需要授权者帮助他们消除心理障碍，让他们觉得自己能够"担此重任"。

授权时应该要注意，一旦授权就不要再干涉，而且要让所有相关人士知道被授权者的权责。

（10）正面反馈

企业管理是一项复杂的工作，其中最困难的莫过于用人。认可员工的付出，不但可以提高工作效率、激发工作热情，还可以有效地帮助员工建立信心。从而提高员工的忠诚度，鼓励他们接受更大的挑战。

为了充分调动员工的积极性，必须要让员工们相信，他们的努力会让工作富有成效。

融资对于招聘和业务发展的重要性是毋庸置疑的，但是创业者应该把招到优秀的人才放到更加重要的位置上，没有他们，公司是不可能做大的。

对于一个企业来说，多年的生产经营实践，可能已经形成了自己一套吸引人才和挽留人才的方法。不过，要想形成良好的人性化的人才氛围，就要保证人才在自身价值的体现上和成就感满足上双丰收。

所以，企业在人才路演中要拿出百分百的诚意，这样才能吸引更多的人才加盟。

4. 公司的价值观

年轻人是新时代的主力军，他们是最具潜力的生产者和消费者。判断一个公司是否跟得上潮流，就看该公司的价值观是否符合年轻人的标准。

接下来，我们结合年轻人在互联网上表现出的共性，分析一下潮流公司需要具备什么样的价值观。

（1）思想平等

在年轻人眼中，跟上潮流的公司一定倡导思想平等。

思想获得追随者，不是因为倡导者掌握政治权利，而是因为这些思想的优点被人接受。公司拥有思想平等的价值观，才能吸引年轻员工积极提意见，帮助公司获得优化。

（2）实际贡献比资质证书更重要

在年轻人眼中，跟上潮流的公司一定倡导实际贡献比资质证书更重要。现在大家在媒体平台上发布一段视频，没有人会问创作者是不是电影学院毕业的。企业如今无法仅凭学历、资质、头衔等，去判断一个年轻人是否有能力。

因此，公司要顺应潮流，不要过分注重简历，而要看员工的实际贡献。

（3）自下而上的层级金字塔

在年轻人眼中，跟上潮流的公司一定倡导自下而上的层级金字塔。在任何一个网络平台上，都可以看到某些人受到格外的尊敬，备受瞩目，因此影响力较大。但他们不是被某个上级权威任命的。他们的影响力，是由他们自己一手一脚创造出来的。

因此，新时代的公司，在授予权威的过程中，应该遵循由下而上的原则，而不是由上而下。也就是说，当公司要任命新领导时，不应该只听从公司上层的选择，而要尊重底层员工的意见。

（4）服务型领导

在年轻人眼中，跟上潮流的公司的领导人是在服务，而不是在当权。在网络中，每一个领导人都是"公仆"，没有发号施令的权力。

公司领导要想服众，除了在决策时要有令人信服的论证、得到实践证明的专业知识、无私的行为之外没有别的杠杆可用。新时代的公司领导如果无法做到这些，员工很快就会离公司而去。

（5）自选任务

在年轻人眼中，跟上潮流的公司一定倡导自选任务。网络经济是"选择性参与"的经济。无论是写博客、做开源项目，还是在论坛上分享建议，人们可以自主选择做自己感兴趣的事情。

当公司接了新项目，需要员工去完成时，可以给予员工一定的选择余地。这样既能让员工感觉到自己是被尊重的，又能让项目得到较好的执行。

（6）自我定义、自我组织团体

跟上潮流的公司一定倡导自我定义、自我组织团体。在网上，大家自主选择跟自己志同道合的人结盟。在网上社区里，你可以和某些个人建立关系而忽略掉其他人，与某些人深度分享，但不理睬其余的人。

因此，新时代的潮流公司，不应该强迫两个关系不和的人做同事。上司更不能以"为了公司着想"为借口，强迫有矛盾的两人建立起友好关系，否则，公司就会同时失去两个员工的心。

（7）权利来自共享，而不是囤积居奇

跟上潮流的公司一定倡导权利来自共享，而不是囤积居奇。网络经济同时也是"送礼"经济。为了获得影响力和地位，大家会积极奉献自己的专长，分享自己的内容，而且速度非常快，因为大家都担心被人抢先一步。

因此公司可以多采用"博采众长"的方式去完成一个项目，而不是只让一位员工去执行，忽略其他员工的意见。

（8）能力不足会被发现

公司可以设置监督机制，让每一个员工都拥有投诉同事或上司的权力，这样能帮助公司更好地留住人才，淘汰庸才。

（9）大部分决策都可以投否决票

跟上潮流的公司一定倡导大部分政策都可以投否决票。只有在重大决策制订过程中给予员工发言权，才能保持他们的忠诚度。

要吸引有创造力的年轻员工，公司必须重构价值观，使之向上述九条期望看齐。

5. 完美人才路演

人才路演讲究的是收获人心、吸引顶级人才。

作为一个企业领导者，你必须吸引顶级的人才和你一起奋战。为了达成这个目的，可以参考以下吸引优秀人才的"完美人才路演八步曲。"

第一步，告诉人才，入职企业他们可能会有什么收益。

第二步，介绍你的改变，你的过去、现在和未来。

第三步，强调改变，解释说明为什么很多人没有这样的改变。

第四步，讲述你和企业的价值，以及企业承担的责任和使命。

第五步，规划企业的远景。

第六步，讲解你已经建立的一套行之有效的系统。

第七步，做出承诺——在这样一个企业里，未来会如何。

第八步，召唤人才做出行动，询问对方是否需要立即加入。

6. 小公司大动作

小企业就注定无法吸纳到顶级人才？不，只要主动出击，一定可以找到合适自己的人才！

以下七个步骤，能帮助小企业，实现大动作！

（1）通过一个品牌故事说明公司的潜力

很多小企业都觉得凭自己和企业的实力，很难吸引到顶级人才加盟，于是他们干脆放弃了这种念头。其实这是一个严重的认知误区，会给小企业带来巨大的损失。

顶级人才和大部分有野心的人，都希望加入一家有宏伟远景和巨大潜力的公司。他们愿意和这样的公司一起努力和成长，并希望在这个公司迈向成功的旅程中，尽到自己的一分力量，体现自我的价值。

所以，你的品牌故事里应该包含以下内容：清晰的愿景、理想的员工人数、收入增长计划、新产品发布计划、计划开办的新公司或其他目标等等。

总之，如果你想要和大企业竞争，吸纳到顶级人才，那么你就需要展示一个雄心勃勃、令人兴奋的公司前景，这样才能让人才能够想象他们在其中将会获得的成长与成功。

（2）让人才相信小公司优于大企业

很多顶级人才排斥加盟小企业主要是担心小企业没有保障。毕竟创业公司能在未来获得成功的只是一小部分。所以顶尖人才在选择小企业时，就会考虑企业是否经营良好、管理层是否合理分配资源、企业能否为他提供成功所必须的条件等问题。

这时候，你需要坚定地告诉对方，小企业更能让他施展才能，实现他的价值。

新的企业和技术层出不穷，令未来充满了不确定性，所以大企业并不意味着就有更好的保障。无论是大企业，还是小企业，都要遭遇竞争的风险，都有可能走向失败。

（3）打破固有模式，有弹性地使用、吸纳人才

企业在招聘核心岗位人员时（比如营销总监、核心技术工程师等顶尖人才），需要从文化融入、价值观念、工作风格等角度衡量双方的匹配度和认可度。

即便耗时长一点，也要做到完美。有时候企业遇到合适的人才，并不一定能完全俘获他的心，最好的办法是给他们足够的弹性，让他成为自由职业者或兼职，这样更能提起他们的兴趣。

这种形式的员工成本虽然高，但因为他们的报酬与业绩相关，一旦在协作过程中形成了双方高度认可，转化为专职员工也就比较容易了。

（4）关注可能被大企业裁员的人才

有时候大企业会因为经营不善和战略调整而裁员。这个时候，正是吸纳高人的好时机。

这些被大企业裁掉的人在职期间，都接受过大企业的专业培训，有良好企业文化的熏陶，在基础能力及素质上有较好保障。如果能在裁员之前签下他们，不仅能降低人才成本，而且使他们更能安心工作。

（5）准备诱饵，随时出击

作为企业经营者，在任何地方都别忘了发现人才，包括卖保险的、做直销的、卖保健品的、做汽车美容的、餐厅或酒店的领班服务生等等。每一个一脸阳光、热情诚恳、专注认真、享受工作的人，都有可能是难得的人才。

你应当随身带着名片，邀他到公司面谈做了解。很多时候，其他行业有潜力的人才加入，会给公司带来很多创新的灵感。经过简单的培训后，他们的工作成果会非常显著。

（6）建立全员寻找机制

企业可以发动内部员工积极从自己的朋友圈、人际圈推荐人才。企业可以设置物质奖励或其他福利，这样能很好地激发内部员工推荐人才的积极性。

（7）进行校园招聘宣讲会批量招聘

校园是一个卧虎藏龙的地方，企业可以选择一些专业比较对口的学校召开招聘宣讲会。在现场直接宣讲，推销公司和岗位，找到具有优秀潜质的人才接着进行批量培训，这是自己培养优秀人才较快的方式。

通过以上方法，企业一定会吸引到高质量的人才走进公司的大门。那么，接下来要做的事情便是——如何与候选人面谈，确保他们加盟公司。

第一步，说明职位负责的工作主要有哪些。优秀的候选人，会通过这些信息判断自己适不适合这个职位。

第二步，通过交流，寻找真正能影响他们的因素。当企业发现双方有匹配之处后，可以进一步交流关键问题，包括了解对方的价值观和需求。企业要在交谈中，适当问一些检查性的问题，以确保自己招进来的是人才，而不是庸才。

第三步，企业需要判断候选人能否胜任该职位，可以综合专业、过往成绩、他人评价等方面考虑。然后，企业再向候选人表明自己的顾虑以及这个职位的成长空间。这时候，如果候选人主动证明自己符合要求，那就表示候选人加入企业的意愿较大。

第四步，企业可以谈一谈职业前景。让人才确信，企业提供的职位具有长远发展的空间，而这一点是比其他条件更重要的事情。

小公司的管理者在人才路演时切记：顶级人才和一般人才相比，能力并不是只好一点而已，而是好 100 倍！既然顶尖人才可以"以一当百"，那么，作为老板就应该花多 50% 的时间来找这样的顶级人才。

第7章

路演操作的十大关键

在商业路演中,传达信息并不是我们唯一的目标,更重要的,是通过路演,让别人对我们产生钦佩和认可,并将我们提倡的项目付诸行动。

要想真正说服他人,就要学会路演,学会整套的路演系统。当路演完全感动观众时,才算是成功的,有价值的,你才能够获得更多的信任和支持。

1. 克服恐惧

产生怯场紧张的心理,是大多数路演者都有过的经历,每一个路演者在成功之前,都经历过无数次的紧张。

上台前的紧张、恐惧情绪很普遍,即使是著名的演员、歌手、球员,也都有这种"怯场"的压力,主要是因为:准备不周全,时间匆忙或是安排不得当;得失心太重,越想完美越容易出错。

在路演开始前,要做好充分准备,有一个良好的心态,克服自己的紧张情绪。

(1) 坚定信心,相信自己

有许多案例证明,一个普通的路演者,经过刻苦练习完全能够成为优秀的路演者。

你要相信,你的听众都希望你能成功。他们来看你的路演,就是希望能学习到一些有用的知识。这些知识是有趣的、有意义的,还能激励和转变他们的思维。

(2) 刻苦练习、充分准备

当你对自己有信心后,你的表现就会越好。然后,就是多做练习,熟能生巧。

你在做练习时,可以请亲人和朋友作为观众,让他们对你的演讲给予分析和评论;或者你找一面镜子、找你的宠物,把镜子里的自己或者宠物当听众。

要练到滚瓜烂熟为,中间没有差错,能够在规定的时间内完成任务。

为了防止自己脑海里突然出现空白，可以提前打印一份讲稿，或者准备一套提示手卡，记录下演讲的重点文字。

（3）走进听众、舒缓压力

在上台前，跟身边的听众聊聊天，听一些轻松愉快的音乐，都可以帮助自己减轻压力；记住台下听众的和善面孔，可以让自己讲得更轻松；在路演的过程中，也可以添加一些肢体动作。

（4）镇定自若、收放自如

在路演的过程中，即使忘词了，不要紧张，也不要卡在忘词的环节一直重复。正确的做法是直接跳过，接着进行下面的内容。

在路演时，不要用太深奥的术语，也不要用太多华丽的辞藻，最好就像和听众对面谈话，用简单的语句表达自己清晰的思路。

路演时产生紧张心理是必然的，但也是可控制的。

2. 理清思维

路演中要做到思维清晰，讲话有条理，有逻辑，可以使用最常用的"三点论"方法，运用这种方法，能迅速帮你组织思维，组织词语。

"三点论"的优点如下。

a. 是一种结构工具，可以帮助我们迅速理清思维，做到快速简便、系统逻辑、清晰条理。

b. 能把很多问题能全面系统地论述到位。比如天、地和人；比如生产商、经销商和客户；比如过去、现在和未来。

c. 可以运用在会议发言、文章写作和沟通谈判等方面。

在这里介绍一些我们常用的"三点论"话术。

a. 我发表三个观点……

b. 我就三个方面谈一下我对这件事情的看法……

c. 我讲三个事例……

d. 我就产品、市场和服务三个方面进行阐述……

每个路演者都可以通过学习，纯熟地掌握和应用"三点论"。"三"是个更容易被记住的数字，试着将"三点论"运用在你自己的路演中吧。

3. 产品介绍

项目路演离不开产品介绍。如何做产品介绍？我推荐使用FAB产品介绍法。

F就是Features或Fact，指产品的性能及功效。A就是advantage，指自己与竞争对手相比的优势。B就是benefit，指我们所能带给顾客的利益。

FAB产品推介法关注的是客户的"买点"。在商品推介路演中，你可以将商品本身的特点、优势、给顾客带来的价值有机结合起来，按照一定的逻辑顺序加以阐述，形成完整而完善的推销语言，促进成交。

用FAB法做产品介绍时，需要注意的是客户所关心的利益点，然后投其所好，使我们的利益与客户的利益相吻合。

按照FAB法对产品进行阐述，可以有四种顺序。

F—A—B：特点—优势—利益。

A—F—B：优势—特点—利益。

B—F—A：利益—特点—优势。

B—A—F：利益—优势—特点。

在使用FAB法介绍产品时，一定要注意实事求是、清晰简洁和主次分明。千万不要夸大其词，攻击其他品牌以突出自己的产品。每一个顾客对产品的需求不同，任何一款产品，都不可能满足所有人的需求。

在介绍产品时，尽量用简单易懂的词语，逻辑清晰，语句通顺，让顾客一听就明白。

在介绍产品时，应该有重点、主次分明。对产品的优点可以详细的阐述；对于产品的缺点和不利的信息，可以简单陈述。

这就是FAB原则的"是什么——为什么——怎样做"三段框架。

4. 项目包装

商业路演中，塑造项目的价值包装，是必不可少的一环。

项目包装是一种"造势"活动，工作对象就是"势力"。所谓"势力"，是项目在硬实力的基础上构造的软实力。软实力是对硬实力的有效补充和发展；软实力在质量和数量上放大了硬实力。

项目包装不是项目伪装，而是对该项目的内容、功能和价值最恰当的反映，关键在于"反映恰当"。

"反映"是通过形式体现的，如果只讲求内容，不讲求形式，内容就会贬值；而如果只讲求形式，不讲求内容，那就是形式主义，不能取信于市场的。"恰当"是形式反映内容的度，包装不足与包装过度，都会影响该项目的价值。

"不包装的大都是次品，包一层的是产品，包两层的是商品，包三层的是礼品，包四层的是奢侈品，包五层的是危险品。"这虽是戏言，但对掌握项目包装的"度"很有启示意义。

项目包装分四个层次：技术包装、产品包装、企业包装和领导包装。

（1）技术包装指对项目技术先进性与实用性的表述

除了技术名称外，技术包装还包括：技术来源、技术地位和技术效果等。

技术来源多指项目技术的来源地或原创人；技术地位是指项目技术在本行业或科研领域的公认程度。技术效果是指项目技术实施所产生的经济价值和社会价值。

技术是无形的，经过包装后就变得有形、变得鲜活了。

（2）产品包装指通过对核心产品表述和形式产品改观等方式，提升产品的价值感

"核心产品表述"指表达产品核心使用价值；"形式产品改观"指改良产品形象和功能实现方式。

产品由核心产品、形式产品和附加产品构成。我们习惯上所说的"产品"，是指形式产品。比如，某煤矿企业将自动化节煤机取个别名"可移动的不动产"，对于用煤企业来说，"不动产"就是煤矿，而对于投资人来说，"不动产"就是节煤机。

（3）企业包装是对企业属性的社会价值塑造

比如，一些企业注册于大学科技园，可称为"大学科技园企业"；成立"××基金"，可称为"××基金重点扶持企业"……

（4）领导包装是对企业领导人的形象、资格和地位等进行价值塑造

比如，某企业董事长兼任××基金秘书长，董事长以基金秘书长身份开展社会活动，则比董事长更容易被接受、被重视。

这四个层次的项目包装，指出了项目包装的对象——势力。无论是技术包装、产品包装，还是企业包装、领导包装，都展现出了项目的势力感。因此，"包装物"就必须比包装对象更大、更高、更强，否则就包装不出势力感。

产品的包装步骤包括：确定包装内容、包装方式，把最好的形象展示给消费者，赢得良好印象。

项目包装也一样，第一步是确定"包装内容"，解决包装什么的问题；第二步是确定"包装形式"，解决包装物是什么、怎么包装的问题；第三步是"路演定向"，解决向谁展示包装形象的问题；第四步是"交易促进"，如何利用包装的形象影响提升交易环境。

做项目包装的关键，在于恰当反映，发挥自信的优势，本着谦虚式夸张的原则，运用例证法创新，通过四个步骤，实现树立形象的目标。

5. 系统融资

创业公司融资的基本流程如下。

（1）确定融资框架

首先是融资额度，我要多少钱？我要出让多少股份？其次是董事们、股东们要不要通过对赌提高自己的议价？要不要放期权？

要确定一个融资框架，这个融资框架在内部需要得到一致意见。同时，在对企业做融资时，一定要指派融资代表。

（2）确定商业计划书

这时，要考虑要不要找财务顾问。财务顾问会系统地告诉你：融资应该注意什么，应该怎么控制流程，并且他们可以代表公司与投资人谈判。很多条款看起来无关紧要，但谈起来很重要的。

（3）筛选目标投资商

现在的投资商非常多，投资咨询公司和机构遍地开花。因此，一定要选择适合自己的投资商

（4）初步接触

对投资商做一个AB分类，把对你帮助最大的5～10家分到A类，剩下大概30家分到B类。

分类之后，先接触B类投资商。在跟投资商沟通的过程中，项目会进入BP（商业计划书）升级阶段。投资商会提出各种问题，你可以借此不断地梳理自己的思路，完善自己的BP，这是在挑选投资者，也是磨炼自己。

（5）深入接触

拿到融资意向书，和对方深入接触的时候，你要把握好时机，根据你对投资商的理解，把握好先后谈判的顺序。在投资商给你出融资意向书时，一两周内你可能获得两到四份意向书，你一定要做好选择。

（6）投资意向书

首先，创业者要对董事会有把握。其次，要注意一致行动。

投资意向书会约定投资商的权力，即使他是小股东，只占10%的股份，也有权力在你公司估值超过多少钱的时候强行把公司卖掉，而你必须同意。不过一般情况下，你们会约定一个额度，你一定要关注这个额度。

要注意投资意向书的清算优先权条款，在清算的时候要求清算

优先。因为清算优先很有可能让公司增值之后，你的钱反而更少了。

最后是期权，投资意向书可以放期权。你不要怕期权会稀释，期权对公司的管理团队是非常好的激励措施。

（7）尽职调查

在国内，进入尽职调查阶段，这一两个月在法律条款上，你就不能跟其他投资商再签约。在这段时间，投资商会对你公司或者企业进行一系列的调查，业务、财务、法务的尽职调查。

企业要规避这中间的问题，把业务调查放在第一位。

（8）签约打款

钱没有到账之前，一切都有变数。很多公司前面几步都做到了，但最后一步一直不打款，这就形成了违约，违约是所有投资人都不愿意做的事情。

6. 有效演说

演讲家能够倾倒观众，让人钦佩，不仅是因为他们有正确的演讲方法和技巧、良好的表达能力，更重要的是因为他们都拥有强大的力量。

所谓演讲的力量就是你给别人带来的感觉，这种感觉有正面的也有负面的。在生活中，有些人站到你的面前，他还没开口说话，他就让你感到不适，甚至排斥。相反，有些人我们看到他就会感到心情舒畅，这种感觉常常被我们称为亲和力。

一个具有强大正面力量的人，同样具备强大亲和力。在演讲与口才当中，亲和力就是影响力和感染力。所以，路演要从修炼演讲力量开始。

在路演的时候，我们要注意站姿、眼神和面部表情等身体语言。那如何通过身体语言增强你的演讲力量，让人感到你具有亲和力？

首先，要舒展身体，挺直腰板，抬头挺胸，平视面对你的观众，用自己的身体语言向观众展示自己的力量；其次，用眼神与观众交流，不要盯着一个人的眼睛看，尽量将自己的目光停留在一个人的鼻头到两眼之间那一部分。

力量是演讲获得成功的前提，也是一项最有效获得成功的工具。所以，打造高端的个人路演魅力，要从修炼自身能量开始。

提高演讲力量有以下三大关键点。

（1）每次路演之前，你要进入巅峰状态

你要让自己的气势比观众的气势大十倍，你才可能真正有力量地去做路演！你要把自己的路演词大声喊出来，并用坚定的手势去展示你的气势，你就会慢慢地进入巅峰状态。

（2）要全力以赴地去做路演

你在路演的时候，一定要全力以赴，绝对不能三心二意。因为你如果没有全身心投入，你浪费的是无数人的时间和生命。比如你讲两个小时，面对1000人，如果你随便讲，你浪费别人2000多个小时的时间。

（3）怎样满足客户的需求，帮助客户实现梦想

来看你路演的人，他们希望能学到有用的知识。如果你能满足了客户的需要，能帮助客户实现梦想，让客户觉得物超所值，你就成功了。

7. 成交设计

成交是一个心理流程，它不是单纯的购买决定。没有好的成交流程，就像你搞砸了求婚流程一样，结果很痛苦。

很多刚入行的路演者，他们直接地向别人推荐自己的产品，自己的项目。这种方式容易引起对方反感。

有一定经历的路演者，懂得不停地给自己的产品制造卖点，让顾客购买。

而真正的路演高手，善于营造营销氛围，设计营销成交流程，他们在无形间，成交了客户。

那么，应该如何营造一个完美的营销氛围，设计一个完美的成交流程？

（1）给客户一个接近你、倾听你的理由

客户喜欢"给予"，我们就告诉他"我给你"；客户喜欢"幸运"，我们就告诉他"你来幸运就有"；客户喜欢"刺激"，我们就让他享受"刺激"；客户喜欢"惊奇"，我们就给他一些惊讶；客户喜欢"疑问"，我们就给他留下一些疑问。

我们必须分析客户的购买理由，根据购买理由提炼自己产品的卖点，这样才能抓住客户的眼球与内心。

（2）让客户对你感兴趣

如何点燃客户对你的兴趣？你可以围绕着"新、奇、特"等方面，给客户塑造一个沟通分享的环境。

第一步，让客户觉得你有一些有意思、有价值的东西，而这些东西正是他很渴望知道的（信息吸引）；第二步，让客户觉得与你沟通值得，愿意认识你（形象吸引）；第三步，巧妙告诉客户，你

不会给他任何压力与风险（无风险参与）；第四步，简单快速地进入兴趣体验阶段（参与快捷）。

（3）创造与客户达成共识的标准

共识标准就是客户心中完美的消费解决方案标准。

我们要做的是：塑造出适合我们自己产品特点，适合于我们服务卖点的共识标准。假如我们卖的是大品牌、卖价高的产品。共识标准重点就在于：品牌、身份尊贵；假如我们卖的是小品牌、卖价低的产品，共识标准重点就是：性价比，服务质量。

假如你是卖热水器的，你会在店门口打上热水器的消费标准——您心中完美的热水器标准：快速不断地有热水；性价比好；品牌好，服务到位；寿命长，性能好；大商家，质量有保证；节能省电。

你给出这个标准后，客户与业务员之间的沟通，就有了主题。经测试，业务员与客户可以很直接地聊到了消费标准，并把产品与标准一一对照，成交率就自然上去了。

（4）给客户一个购买的理由，刺激客户的购买欲望

首先，给予客户想要的结果，把每一个结果都罗列展示给客户。这些结果必须是真实的、可信的、能想象得到的、是客户心中最渴望的需求。

其次，分析客户投资的价值；让产品的价格与价值对接，把客户购买与获得的满足结果对比；把客户不购买与承受的风险对比。

最后，展示一些见证与案例。用好这3个方法，你的客户内心已经开始动摇了，准备购买了。

（5）巧妙呼吁客户立即行动

呼吁对方行动的方法如下：购买有赠品；买多有折扣；限时有特价；过期无优惠；产品稀缺……

（6）让关联产品搭上成交的便车

假如客户已经行动，成交了一个产品，此时可以开启"快车营销"模式。

比如：有个客户来买衬衫，当他买下衬衫时，你可以开始试探他是否需要领带、西装和皮鞋等。

一定要记住，快车产品不一定是你店里的产品，也可以是别人店里的。此时，你可以考虑与一些相关的店进行联合推广。

（7）塑造完美的售后形象，让客户刻骨铭心地记得你

完美的售后形象是指：给客户惊喜；让客户感激。

成交之后，要依然关心、尊重客户，赠送产品或服务给客户。

在做成交设计时，不要一味地宣讲自己产品的卖点。因为卖点不一定吸引人，真正吸引客户的是他内心的需求。

8. 造梦战略

梦想有多大，舞台就有多大。很多时候，一个人的梦想大小，决定着他的未来成就。梦想是一种意念、一种意志、一种挑战未来的武器，它可以强化信心，可以让一个人对自己未来的目标产生坚定感，可以激发人们内心的无限潜能。

如果说一个企业是一列火车的话，那么领袖就是火车头，火车能够开向哪里，很大程度上取决于火车头。具有远大梦想的"火车头"最受下属欢迎，他有着无穷的感召力和凝聚力，带领团队共同朝着美好的方向迈进。

"造梦战略"，作为路演者，应当熟练掌握，因为它能实实在

在地实现个人目标、事业愿景，更能画"大饼"笼络人心。

想要造梦，要从三方面入手。

（1）要有画面感

比如，"等你坐上部门经理时，你就不会这么累了，漂亮的女助理给你端茶倒水，多幸福啊！"

（2）要会讲故事

比如，"工作上要能吃亏。有位名人小的时候，别人逗他，拿一美元与一美分让他选，他拿一美分。别人问为什么？他说：我贪图一美元，以后就没有源源不断的一美分了！"

（3）要有遐想空间

优秀的老板都是造梦师，带领团队一起实现梦想，而且让团队人员从中受益。所以，优秀的老板打造利益共同体，卓越的老板打造事业共同体，伟大的老板打造使命共同体！

9. 营销造势

营销造势的关键，是要根据自己产品的特色和个性，捕捉利用市场机会，及时推出精心策划的、强有力的促销活动，使产品一面市就给用户以心理上的强烈冲击，进而形成鲜明富有个性的印象。

营销造势的方式多种多样，不同企业有不同的做法。一些实力强大的企业，他们自身的品牌等因素就是势，它推出新品或者搞一次新的路演活动，经过有创意地营造气氛，即可形成声势。而一般的企业，在造势上就得精心策划，精心组织。

公关活动在营销造势上作用很大。比如企业在赞助某一公益活动时，虽然它并不是直接推销自己的产品，但参加公益活动的记者、专家、政府工作人员很自然地会和企业的有关人员产生联系，并向外界宣传报道企业的相关信息。

参加者会将对公益活动的好感移情到企业身上，这样就很自然地为企业的营销造了势。

并不是每次都有机会光顾你的企业。因此，更多的时候，需要企业的策划人员用创意来进行路演造势。

索尼公司想在美国市场宣传自己的质量观和服务意识，便精心策划了一次路演造势。

有一名美国游客在东京一家知名的百货公司买了一台索尼录像机，回去后发现包装箱漏装了零件。第二天，她正准备前往公司交涉，公司已先她一步打电话来道歉。50分钟后，公司副经理等人登门鞠躬致歉，除送来一台合格的录像机外，还加送蛋糕一盒、毛巾一套和优质唱片一张。副经理还特意告诉她，公司在太平洋彼岸共打了35个紧急电话才找到她。

这件事很快就由报纸披露了出来。为了一台漏装零件的录像机，又是打越洋电话找游客，又是经理亲自登门道歉并赠送礼物，如此谦恭有礼，殷勤备至，不仅其费用早已远远超过一台录像机的价值，也说明了索尼公司对待质量问题的重视和对顾客友好的态度。

这实际上是录像机出了问题后，索尼公司反而借以造势。经报纸等媒体的宣传，其造成的轰动效应及巨大的社会效益所带来的经济效益，又岂是公司花上成千上万的广告费能得来的？

人为创造的机会必须要有独创性，还必须注意尽量减少人为的痕迹，这样才能真正引起消费者的好感，因而达到路演造势的目的。

有些造势高手也常用悬念式的方法来进行路演造势。这种运用方式的妙处，在于制造悬念，引起消费者的好奇心，最后抖开包袱，取得轰动效应。

造势是路演战役的第一炮，这一炮能否打响，对整个战役影响极大。在进行造势策划时，一定要考虑到产品及企业的特点，策划出有特色的造势案例，为整个路演战役的胜利奠定基础。

10. 活动造场

纵观路演发展史，你会惊奇地发现：打造路演活动就是在打造场。

场有外部场和内部场。像总裁学习场、参观企业场、民营企业家论坛场等，这些都是外部场；而年会、月度大会、拜师会、客户答谢会等，这些是内部场。

如果说经营企业很难，那是难在了场上。如果企业家让"场"成为自己的工具，让自己成为经营"场"的高手，那经营企业就非常简单。

会经营场的老板，非常懂得造场——造销售之场，造活动之场。

销售终端是路演的重要场所。一个形象、生动的终端布置，便是造场的最佳体现，它对产品推广和品牌塑造起很大作用。

如何打造终端场？重点在于利用好终端促销物料，主要包括海报、挂旗、单张/折页、桌牌、横幅/调幅、支架、实物模型、灯箱片、展示柜台等。

如何在终端实现以上终端促销物料的有效组合，发挥终端物料在路演活动中的重要作用，是每一个企业家必须深刻理解和认真运用的。

（1）海报的张贴和陈列

张贴海报比较讲究，讲究整体气势，连续的海报张贴得越多，效果就越明显，起到的作用就越大。

因此，张贴海报应尽可能占据更加显眼的位置，或者占据尽可能多的位置。卖场大门的两边、卖场中间被柜台包围的四方柱子、上下电梯两边的，都是非常好的张贴海报位置。

（2）挂旗的张贴

挂旗陈列讲究对消费者的冲击力。在悬挂挂旗的时候，一般与人眼睛的水平视线成30-45度角为适宜。每次几个挂旗陈列好以后，都要在现场从消费者的角度进行现场测试，以寻求最佳的视觉效果。

（3）单张/折页的陈列

单张/折页是终端宣传物料中最常用、最容易消耗掉的宣传物品。在单张/折页的陈列中，要特别注意，发现地上有消费者随手丢弃的单张/折页，应马上捡起来。如果任由它们在地上踩踏，不仅起不到宣传的作用，反而有可能适得其反。

（4）桌牌的陈列

桌牌一般是对产品卖点的扼要说明和提炼，是对这款产品特点的高度概括，是最吸引消费者掏腰包的宣传物料。许多促销员都会把桌牌的内容作为重点来介绍，说服消费者进一步产生购买欲望，采取购买行动。

（5）横幅/条幅的悬挂

横幅/条幅在营造节日气氛上是首选的宣传物料。它的尺寸一般比较大，消费者在很远的地方都可以看清楚，相对于其他宣传物料，它的感召力很强大。

（6）实物模型的陈列

实物模型是所有终端宣传物料中最有学问的一款。消费者对产品的了解，都可以通过实物模型找到第一感觉和印象。不同的产品的实物模型，陈列方式也是不一样的。

如手机产品，讲究陈列的组合和层次感；化妆品通常以包装盒或者试用装的突出陈列来吸引消费者；婚纱店讲究营造富贵和温馨、浪漫的氛围，使人产生幸福感。

（7）灯箱（广告机）

灯箱是打广告的道具之一，分有灯和没灯两种。有灯的灯箱片一般采用透明材质，晚上的效果尤为突出。

现在很多路演现场，都开始使用有灯箱效果的广告机，插上U盘以后，产品广告自动播放，这比灯箱的效果好多了。

（8）展示柜台

展示柜台不仅包括展示产品的柜台，还包括销售柜台。

销售专柜有两种形式，一种是厂家按照自己的产品特性和自身的品牌形象量身定做，主要作用是展示产品形象和品牌形象。另外一种是由路演组织单位统一制作，主要是突出整个路演现场的企业形象和品牌形象。

以上是可以用肉眼看到的终端造场。那什么是场呢？

场是一群可自动运转的能量体组合。宇宙是一个场，地球是一个场，国家是一个场。同样，一家企业也是一个场。场有一个巨大的特征：一旦运转起来，就不再需要任何外力和能量。路演需要造场，会造场的企业家必将决胜路演。